善祠
萬善諸君之

台灣風土系列②

民間信仰的故事

審訂：施志汶
文：林淑玟
封面繪圖：劉豐
內頁繪圖：孫基榮

編者的話

近幾年來，政府積極推動鄉土教育，希望國中、小學學生能對台灣的風土文物有所認識。然而學校老師為了豐富自己鄉土的素養與知識，卻有資料難尋之感。聯經出版公司在出版金鼎獎童書《台灣歷史故事》之後，獲得各界熱烈回響，不時有家長、老師建議繼續開發、延伸此一系列著作。

有鑑於此，聯經出版公司經過資料蒐集與規劃，邀請兒童文學作家執筆，專業的史學、科學教授審校，並由插畫者配上精緻的插圖。於是一篇篇豐富又有趣的台灣風土系列故事，再次呈現在讀者面前。

《台灣風土系列》全套共十冊，包括：《開發的故事》、《民間信仰的故事》、《習俗的故事》、《海洋的故事》、《河流的故事》、《動物的故事》、《植物的故事》、《住民的故事》、《物產的故事》、《山脈的故事》。

本系列以說故事的筆法敘述，以主題事物爲主軸，涵蓋歷史、人文、自然、科學與生活，適合國小中、高年級以上的學生閱讀。相信閱讀過這套叢書之後，人人都能認識台灣風土，並對我們的生活與習慣有更多的了解。

序

林淑玟

原來如此！

是我寫完《民間信仰的故事》最大的感受。

我的家鄉是個山裡的小鎮，雖離海邊很遠，鎮上的媽祖廟卻是大家生活的重心。不僅我們小孩子利用廟前的廣場跳房子、捉迷藏、騎馬打仗，大人有事沒事也會挽個竹籃，裝幾樣水果，進廟裡去祈求一番，希望全家平安順遂。正在玩耍的我們，要是看到這種事情，一定把同伴撇下不管，搶著去幫媽媽提籃子，並且假裝很虔誠的在媽祖面前跪拜，因爲等一下籃子裡的水果，一出廟門就要進我們的肚子了。

除了平常到媽祖廟燒香外，每年的六月，考季將臨的時候，媽媽還會帶著考生，到街尾的孔子廟，磕頭拜拜，希望這時候孔子能幫幫忙，讓考生榜上有名。

通常，最受我們歡迎的是農曆的初二、十六的「做牙」了。這一天，家人總會炸芋頭丸子、地瓜片，配上三牲，祭拜「地基主」。當然啦，最後受惠的一定是我們小孩子，有香香脆脆的炸品可以吃。

如果當時我們問，為什麼要拜來拜去？大部分的大人鐵定說不出來的，我們不是被呵斥一頓，認為是亂說話；就是得到含糊的答案：因為可以保佑我們大家呀！保佑什麼？平安？賺大錢？考上好學校？原來神明偶爾吃我們幾顆水果，就得負這麼大的責任，眞辛苦！

雖然我們嘴裡吃著因為拜神才有的炸品、水果，心裡卻為祂們委屈起來。

現在，爲了寫這本書，看了許多資料，才知道，當初這些會留名後世的先人，除了有慈悲的胸懷外，主要是祂們都是忠義之人，所以祭拜的源頭是爲了愼終追遠、爲了感恩、爲了紀念，不是祈求財富、平安、名位……。因此，現代的我們如果希望用幾塊肉、幾顆水果，就希望祂們能接受賄賂，賜福賜財，不僅把祂們當成小人，還汙辱了祂們的名聲，而這也叫做迷信。

因此，希望所有看過這本書的人，除了讀完故事外，還能細細的體會祖先所以要建廟祭祀的原因，並且在最後也能說：

原來如此！

目次

原住民的神明

台灣山區原住民在漢人文化未進入之前，多生活於原始部落型態，尊自然山林為神，大體屬於精靈崇拜。其中，泰雅族、賽夏族、達悟族，只有靈魂的觀念。鄒族、布農族則將靈魂與創造神相結合。排灣、卑南、魯凱、阿美族有雕刻的神像。其次，各族有不同的祭儀，主要目的是在向神靈、祖靈祈求狩獵、農作的豐收，而其中最有名的就屬賽夏族的矮靈祭。

在傍晚幽靜的山路上，一條車子形成的長龍緩慢的移動著。車窗裡的人，不是疲憊的打著呵欠，就是昏沉的睡著。

育群歪在紅色小客車的後座，數著自己打的呵欠，該是第一百零三個了吧！其實他的眼皮很沉重，需要好好的睡一覺，但是腦子裡全是矮靈祭裡熱誠的笑臉、繽紛的服飾、跳舞的人影……怎麼也睡不著。

媽媽也在前座翻來覆去的動個不停，無力的喊著：

「哇！好累啊！可是怎麼睡不著呢？」

只有爸爸的精神最好，手扶著方向盤，亦步亦驅的跟著前面的車子移動，嘴裡還不忘安慰他們：

「放鬆！放鬆心情、放鬆身體，就睡得著了！這是因爲這幾天你們太興奮的關係。」

是啊！怎能不興奮呢！爲了參加兩年一次的賽夏族

•學者依原住民的語言及習俗制度，區分爲九族：泰雅族、賽夏族、布農族、鄒族、魯凱族、排灣族、阿美族、卑南族和達悟族（舊稱雅美族），還有平埔族。其中賽夏族分布於新竹縣與苗栗縣交界一帶的山區，是分布範圍最小的族群。達悟族的人數最少。

•明天啓七年（西元一六二七年），荷蘭首派甘第爹士（Georgius Candidius）和丘尼士（Robertus Junius），到新港社對平埔族人宣揚教義。他們成功的用羅馬字拼注新港語，來教導該社的族人背誦祈禱文、摩西十誡及新約聖經的一部分。十年後，新港社附近的麻豆社、目加溜灣社、蕭壠社，不少族人都受了洗，其中以小孩和婦女居多。還有五十多位

（接下頁）

矮靈祭，育群等了許久。雖然塞了大半天的車子才上了山，可是看到期待已久的祭典，育群覺得一切的辛苦都是值得的。只是沒想到，下山還是塞車，大家像蝸牛一樣的爬行，速度實在太慢了。

媽媽倒在椅子上，喪氣的說：

「塞成這個樣子！我看，等我們回到家，大概半夜囉！」

爸爸還是興致高昂：

「別急！別急！保證下了山，就可以跑得像風一樣快了！

不過，你們要是眞睡不著，要不要談談，這次矮靈祭給你印象最深的是什麼？」

育群努力回想：

「是……是他們在跳舞的時候吧！每一個人都很專

（接上頁）

原住民擔任助教的工作，幫助荷籍牧師由南往北宣教。這時，西班牙人也在雞籠、滬尾地區，宣傳天主教的教義。

‧泰雅族人則泛稱所有超自然存在爲Rutux，不特別區分生靈、鬼魂、神祇或祖靈。但是他們十分重視祖先所遺留的法制、規則，因此，祖靈是最重要的Rutux，應該時常奉祀。

注、很認眞……」

媽媽插嘴：

「我很佩服他們的精神！且不管他們祭祀的矮靈是不是眞的存在，但是整族的人爲了此次的祭典，眞誠、合作、任勞任怨……甚至讓觀光客都很滿意，我覺得這一點就很不容易！」

爸爸也點點頭：

「的確是很不容易！尤其是他們在舉行「本祭」的那六天，輪到主祭的人，態度都非常恭敬。很接近我們漢人祭祀祖先的習俗。」

育群聽得睡意跑掉了一大半：

「爸爸，你參加過幾次矮靈祭？」

「算一算，大概有七、八次了吧！」

媽媽的手支在車窗上，一副無精打采的樣子：

•原住民的宗教信仰大都屬於精靈崇拜，因爲原住民生活環境多在原始山林，充滿危險，精靈的產生是由於心生恐懼，害怕死亡。另外還有自然神的崇拜，神與精靈有善惡之分。賽夏人並無神明的觀念，所信仰的是精靈，因此所舉辦的播種祭、祖靈祭、矮靈祭，都與精靈有關。

「以前，你還小，爸爸想帶你來，我嫌麻煩。現在你五年級，應該會有興趣了。」

「我喜歡！我喜歡！」育群做出歡呼的表情，補充著：「我們的社會課才上過，說我們的原住民共有九族。而且，爲了來參加這一次的矮靈祭，我特別去圖書館查過資料，知道他們的故事。」

爸爸點點頭，贊許道：

「很好！很好！古人說，讀萬卷書，行萬里路，來說說看你所知道的。」

「很早以前，賽夏族人村落附近，住著一群矮黑人，個個能歌善舞，還懂一種奇妙的巫術，能使作物豐收。因此，賽夏族人總會請矮黑人來舉行祭典，祈求豐收。只是矮黑人品性不好，會欺侮賽夏族的婦女，這讓賽夏族人感到憤怒。於是，有一個朱姓的族人想出一個

•布農族人主要也是精靈信仰。精靈 Hanido 是一切活動的主宰。他們相信，每一個人都有精靈。因此每一個人的成敗，都取決於精靈力量的大小。卑南族則相信神鬼和巫術。以前，卑南的巫師分成男性的部落祭司、男性的竹占師，及治病的女巫師。其中，女巫師最具重要性，擁有特別的女巫房。

妙計，他們準備了豐盛的祭品，邀請所有矮黑人都來參加，卻趁他們過吊橋時，砍斷吊橋的繩索，所有的矮黑人因此全部跌下河谷而死。賽夏族人雖然除去大患，但是連年飢荒，他們以爲是矮黑人的靈魂在作祟，經過族中長老開會決定，於是在秋收之後，舉行矮靈祭，既可弔慰矮黑人的亡靈，又能消災祈福。」

爸爸對育群十分滿意，並且補充說明：「所以到現在這個祭典仍由朱姓的族人主持。這項祭典又稱『巴斯大隘祭』，每兩年舉辦一次，時間約在農曆十月十三日至十八日。祭典的過程繁複而正規，先有五天的祭前儀節，大家忙著練習祭歌、製作傳統服飾、釀酒等。接著是長達六天的正式祭儀「本祭」，分迎靈、延靈、娛靈、逐靈、送靈等五個階段，將整個祭典帶到最高潮。最後是慰勞及答謝節目演出的「祭後儀式」，主祭者會

•潑水祈雨祭可說是卑南族的潑水節，曾經因故停辦了四十年，於民國八十七年八月十五日重新舉辦。以前，祈雨祭舉辦的時間，多選在每年的八月小米採收之後，因爲天氣會逐漸乾旱，因此祈求祖先護祐族人，降下雨水滋潤大地，以求第二季能夠豐收。舉辦祭典的當天，全部族人要盛裝參加，並且準備祈雨竹筒，在名爲「巴拉貫」的集會所前集合。這時，一名男祭師、兩名巫

（接下頁）

分送祭典中的酒糕、舉辦酬謝酒宴，大家盡歡而散。」

「對呀！眞是百聞不如一見。」媽媽睡眼惺忪的說，只見前面的車子呼的一聲，往前奔跑起來，馬上急催爸爸：「走了！可以走了！」

爸爸趕緊踩了油門跟上去。只是，滑行了一段路後，車子又塞住了，育群忍不住開口問：

「爸爸，你除了參加賽夏族的矮靈祭，還參加過其他族的祭典嗎？」

「有啊！阿美族的豐年祭，和最近幾年才又恢復的卑南族潑水祈雨祭。」

「卑南族的祈雨祭什麼時候舉辦？」

「記得是在八月中旬吧！」爸爸好像不是很確定。

「哼！」育群嘟起嘴巴：「怎麼沒帶我去？」

媽媽插嘴：

（接上頁）
師，先以檳榔做爲祭品，向祖靈祈禱，請求祖先護祐族人，然後一齊向位於太麻里三和地區的臺灣山地人祖先發祥地出發。在發祥地石碑前，祭師和巫師開始祈禱時，族人則以竹筒裝水，相互潑灑，用意有二：一爲祈雨，一爲祝福。而被潑灑得越濕，越幸運。祈禱儀式後，族人還要前往其他部落，與他們相互潑水，分送祖先的祝福。此時，潑水祈雨祭的過程才算結束。

「還說呢！整個暑假都和同學約好參加籃球訓練。爲了照顧你，我也沒去！」

沒錯，育群記得爲籃球著迷的事情。那時候，好像所有的事情都不重要了，根本不在乎爸爸要去哪裡。但是現在，他很高興爸爸帶他來了，他覺得不僅參加一個重要的祭典，而且因此讓他與書中所學的相互印證，他覺得獲益良多。

天色漸漸的暗了，山路上的車龍，一輛接一輛的亮起紅色的車尾燈，彷彿是一雙雙瞪大的眼睛，探索著山裡的世界。

車龍慢慢的游動起來，隨著涼涼的山風灌進車子裡，一隻小蟲隨著風被帶進來，掛在育群的胸前。育群嚇了一跳，正想用力拍去，卻見牠屁股一閃一閃的發著亮光。

「螢火蟲！是螢火蟲！」

育群一邊大喊，一邊把螢火蟲輕輕抓下來，放在手掌中，遞給媽媽看。

車龍動了，媽媽的心情似乎也好轉許多，叮嚀著：

「別用力捏牠，等一下就把他放走！我猜，牠不會喜歡山下的生活。」

爸爸也說：

「眞難得！在這裡還可以看到螢火蟲。」

育群把手放到車窗上，看著螢火蟲張開翅膀飛走。他睜大眼睛，看著牠的亮光，在草叢裡游動，像一盞小燈籠。忽地，牠飛進車隊裡，和車隊的亮光混在一起，化成一片跳耀的火光，就像是矮靈祭裡的營火，在他眼前不住的閃動……育群覺得一陣濃重的睡意襲上眼皮，身體往後一倒，沉沉的睡著了……

MOUSE 99.12

天后媽祖

媽祖是中國東南沿海民衆心中信仰的女神，有難救難、無難保平安，因此，每逢農曆三月二十三日媽祖生日這一天，各處的媽祖廟都是燒香拜拜的人潮。本篇是舉北港朝天宮為例。

•媽祖的生平：宋太祖建隆元年（西元九六〇年）的三月二十三日，福建省興化府莆田縣東南的湄洲嶼，誕生了一個小女娃，出生一個多月來從沒哭過，所以她的父母將她取名爲林默娘。八歲時，她到私塾去讀書，聰明穎悟，不管多艱深的書，只要讀過，就能背誦，而且能解釋其中的意思。到了十幾歲，她越發和別人不一樣了；喜歡誦經、禮佛。

（接下頁）

天空已經像墨汁一樣的黑了，但是香客們的房間卻燭火通明，木板搭成的大通鋪上，坐著進財、阿發、義叔和春伯四個人。進財和阿發第一次隨著春伯到笨港媽祖廟進香，此刻除了東張西望，不知道做什麼好。春伯裝填著水菸槍，一副悠哉的樣子；義叔則拿出包袱裡的文房四寶檢查著。這時，尖銳的嗩吶聲穿破夜空，傳進四人的耳裡。

進財聽到嗩吶聲，跳下木板床，探到窗邊，看到東邊的天空一片火紅，嗩吶聲正是從那裡傳過來的。進財兩眼發亮，轉過頭來催促：

「春伯，走吧！戲要開始了。」

春伯擦亮火石，點起水菸槍：

「別急！別急！才開始扮仙，還早咧！」

進財看到春伯點了菸，趕緊坐回床沿，請求著：

（接上頁）

她救人濟世的行爲，感動道人來點化她，神人送銅符給她。從此以後，她常駕雲飛渡大海，救護海上的船隻。因爲能驅邪除惡、消災解厄，許多人尊稱她爲「通賢靈女」。宋太宗雍熙四年（西元九八六年）的秋天，她突然向家裡的人告別，說要去登高。只見她登上湄山，腳下生起一片雲霧，把她托向天上。當時，許多人都聽到優美嘹亮的天樂。那一

（接下頁）

「春伯，您不是說，人會很多嗎？不早點兒去，就沒位置了。」

其實，進財更想說的是，扮仙也挺好看的，雖然他聽不懂唱的內容，但是看到他們拿著拂塵滿場走來走去，正是告訴大家：好戲就要開場了！何況在他們村裡，文武場都還沒敲，大夥兒早就搬好小板凳，坐在戲臺下面等囉！

阿發也不安的搓搓手：

「是啊！是啊！再不去，會太晚了吧！」

春伯噗噗的吹出一大口煙，安慰道：

「你們看這間客房，每年的這個時候，總要擠上四、五十人，多的時候，還要擠個七、八十人，沒辦法了，有人自己帶草蓆睡地上。那時，半夜起來上廁所可就得小心了，別一腳踩在人家的臉上！

（接上頁）

天是重陽節，當時，她二十七歲。傳說，祂是觀音佛祖爲救度苦難衆生化身而來。南宋紹興二十六年，首度被朝廷誥封爲「靈惠夫人」。明朝永樂七年，成祖因爲媽祖庇護鄭和出使西洋有功，加封爲「護國庇民妙靈昭應弘仁普濟天妃」。清康熙二十三年（西元一六八四年），媽祖的神格由天妃晉升爲天后，並在康熙五十九年（西元一七二〇）年，正式列爲朝廷祀典。

「而現在，你們看，空蕩蕩的，除了我們四個，其他的人都還沒到。剛剛我也去探過其他房間了，情況和我們差不多，大部分的人都還在趕路，能趕在二更到，就不錯了。」

進財還是希望早點兒到戲棚下，又請求起來：

「春伯！您對這兒最熟了，雖然晚飯前帶我們逛了一圈，但那時候天已經黑了，走馬看花的，我們沒看清楚，不如我們現在好好再去看一遍。」

沒想到，春伯誤會了進財的意思，以爲進財稱讚他，又噗噗的噴出一大口煙後，得意的說：

「嚇！說起這笨港朝天宮，別村的人我不敢說，咱們庄裡就數我最熟了。正殿有幾根門柱、柱子上有幾條龍、藻井的花色、牆壁的圖案……我可以一樣一樣的數給你們聽。」

・每年正月開始，各地來的香客絡繹不絕，直到農曆三月二十三日媽祖誕辰這天，祭典可謂達到最高潮。

・笨港朝天宮俗稱北港媽祖。朝天宮建於清康熙三十三年（西元一六九四年），相傳當時湄洲朝天宮（即湄洲祖廟），有一修行人名叫樹璧，奉請天上聖母來台，經過北港時，被當地居民挽留，並建了一座小祠奉祀。經過幾次的重修擴建，才形成現在朝天宮的規模。

說老實話，進財一踏入廟門就注意到朝天宮屋頂了，翹得高高的，彷彿要飛上天去。而門裡的龍柱、石壁或石楣上更有精緻的刻畫，全讓進財看得眼花撩亂，差點兒沒跟上春伯。

說到這些，春伯更加得意了，把水菸槍從嘴裡拿出來：

「你們一定要問了，我爲什麼會熟呢？因爲每年農曆三月二十三日，媽祖誕辰這一天，我一定會來。每一次來，我會在廟裡廟外好好的走一遭，就好像走我家的廚房一樣，熟透了！」

在進財的庄裡，就屬春伯最會說故事；這不僅是因爲春伯每年會到笨港來進香，見過許多世面；而且春伯的父親，當年就是追隨福建水師提督施琅的軍隊來到台灣，見過許多奇奇怪怪的事，和他們這幫老百姓是不一

•朝廷祀典又稱政府祀典，是政府藉由宗教來教化百姓的工具。政府官員每逢祭日，必親臨主祭。被列爲朝廷政府祀典的有：孔子廟（文廟）、關帝廟（武廟）、媽祖廟，以及城隍廟等。

•台灣著名天后宮有：

1.笨港（北港）朝天宮（如前所述）。

2.鹿港天后宮，創建年代已不可考，相傳是創建於清

（接下頁）

樣的。因此當春伯在大家補魚網時，說起媽祖的靈驗或種種奇事，總會讓進財聽得目瞪口呆，希望有機會可以和春伯一起來進香。今年的媽祖誕辰，他們可跟上了。

而說起媽祖廟，進財的庄裡也有一座，是庄人決定大小事情的地方；譬如推派誰當爐主頭家這樣的大事，或小孩驚風、生病等小事，都要請示媽祖。至於出海捕魚，大家更是勤快，如果沒到廟裡拜一拜、祈求一番，誰也不願出門。所以進財不敢想像，如果庄裡沒有媽祖廟，大家該怎麼辦？

當然啦！他們庄裡的小廟和笨港朝天宮比，簡直就是小巫見大巫，進財這次來總算是開了眼界。

一直在旁邊默默整理毛筆的義叔，這時插嘴說：

「像春伯這樣，每年都來進香的人，不知道有多少，眞是數不清了。我爲香客寫名字，也寫了五年了，

（接上頁）
初。清康熙二十二年（西元一六八三年），福建水師提督施琅平定臺澎後，由湄洲天后所奉請的天上聖母神像，由族姪施世榜懇請，留存在此宮奉祀。此神像成爲全台尊稱的「湄洲媽」。後來，因施世榜的努力及歷年來地方仕紳先後增建整修，成了現今的廟貌。

3.台南大天后宮俗稱台南媽祖廟。原爲明朝寧靖王朱術

（接下頁）

總會看到許多熟面孔。」

聽說義叔以前在笨港讀過書，字寫得很好，所以被廟裡請來幫忙，爲香客寫名字，解釋籤文。

義叔的話才說完，阿發想到什麼似的，大驚小怪的問起來：

「哎！剛剛我們經過正殿時，我看到官府的人也在那兒跪拜，這是怎麼一回事？」

「嚇！這件事情，你問我就問對人了。」春伯敲敲手中的水菸槍，大聲的回答：

「我小時候聽我父親說過。當年施琅帶領大軍要攻打台灣時，因爲黑水溝風浪很大，無法渡過。施琅只好到湄州請媽祖的神像爲護軍神，而他們也眞的順利登上台灣的土地。因爲媽祖的護佑，施琅自己不敢居功，趕緊將這件事情呈報給皇上，康熙皇帝因此加封媽祖爲

（接上頁）

桂的官邸，清康熙二十二年（西元一六八三年），施琅入台，鄭克塽降清，寧靖王因此自縊殉節。施琅登台後，駐軍寧靖王官邸，邸中的井水忽然噴湧不盡，讓施琅大軍均有水可用，於是施琅奏請將此地改爲媽祖廟。完工時，康熙皇帝特派禮部官員來主持祭典，加封媽祖爲「天后」，而稱此廟爲大天后宮。

（接下頁）

『天后』，而這也是有些地方的媽祖廟稱爲天后宮的原因。」

「所以，媽祖後來也被列爲朝廷的祀典，在春秋二季，朝廷會派官員主持祭祀。現今的乾隆皇帝也很重視這個祭典，所以那些官員不敢馬虎。」

義叔補充了後面的說明。

聽了春伯和義叔的話，進財心裡更加佩服他們了，可見讀書和出來見世面都很重要。

正想再多問些，窗外突然傳來喧嘩聲，進財和阿發不約而同的又衝到窗邊，只見好幾輛牛車，轂嚕嚕的走進庭院中，隨在一旁舉火把的人群，高聲的吆喝著：

「弄龍、弄獅的住在一號房！」

「扛匾、舉牌的睡二號房！」

聽到這些話，進財興奮地轉過頭來，對著春伯和義叔大喊：

「哇！有好多隊伍呀！」

春伯坐在床板上，繼續吹著他的水菸槍，一副見怪不怪的樣子：

「明天各式各樣的隊伍，會讓你看不完。」

這時，一群人鬧哄哄的走進來，爲首的一個粗黑的中年人，大聲的問：

「請問這裡是五號房是不是？」

進財趕緊點頭回答：

「是的！是的！」

中年人回頭大喊：

「就是這裡，大家把東西搬進來！」

除了原先已經進門的人外，後面又走進了幾位和進財年紀相仿的年輕人，生澀害羞的笑容也顯示出他們是

（接上頁）

台南大天后宮是台灣最早的官建廟宇，同時媽祖受封爲「天后」也是由此廟開始。

4.澎湖天后宮原名媽祖宮，後因媽祖加封爲天后，才改名爲天后宮。關於此廟的創建年代，目前不可考，但確知明朝時已有，因廟內存有「沈有容諭退紅毛番韋麻郎等」碑，記載明末都司沈有容斥退荷蘭人的英勇事蹟。此碑文爲台灣現存最古老的

（接下頁）

（接上頁）
碑記，而澎湖天后宮也是台灣歷史最悠久的廟宇。

第一次參與進香的活動。

等東西都搬妥後，中年人拿起圍在脖子上的布，擦擦額頭上的汗，開口問：

「老伯！您們打哪兒來的？」

春伯欠欠身子回答：

「口湖來的，你們呢？」

「嘉義。」

「嘉義！那可遠呢！」

「是啊！牛車走了一天。」

「那得好好休息。明天還有得忙呢！」

屋內的聲音才停歇下來，進財和阿發立刻聽到鑼鼓聲漫天漫地湧了過來，一齊回頭看向春伯，只見春伯拿著水菸槍，和義叔急急的跳下床，慌張的喊了起來：

「快快快，好戲要開始囉！」

祭孔大典

孔廟自古以來即列為朝廷祀典之處，是備受尊敬之處。因此，門口立有一下馬碑，上有「文武官員軍民等至此下馬」字樣，以示崇敬之心。本篇是舉台南孔廟為例。

•儒學是地方官辦的學校，招收經過學政主考及格的秀才。初入學的生員通稱附生，通常不到校肄業，僅定期參加月課（每月一、二次）、歲考（一年一次或兩年三次，由學政主考）。歲考成績優良者依次遞升，由附生而增生，由增生而廪生，由廪生而國子監。大致而言，生員的出路，除少數成爲國子監外，其他大都應鄉試考舉人。生員入儒學，乃是獲取功名的途徑之一。

清光緒十三年（西元一八八七）的秋天，台南府城白天的氣溫仍教人吃不消，街上沒有半個人影，只有幾條癩痢狗，躲在陰影下，耷拉著舌頭喘氣。直到太陽偏斜了，路上才有人出來走動。但是位於赤崁的孔廟，從早上到現在，一直有許多人影忙碌的走來走去。原來是安平知縣沈光綬帶著一批手下，和幾個生員，爲了明天的祭孔大典忙得焦頭爛額。

只見沈知縣額頭上滿是汗珠，都顧不得擦了，急急的往前走著，嘴裡叨叨的念著：

「八佾舞的佾生沒問題了，筆墨也準備好了，還有……」他突然煞住了腳步，害得緊隨在後的兩名生員，差點兒撞上他。他轉過身來問：

「明天釋奠禮的太牢是誰辦的？可別誤了時辰。」

兩人中的一人趕緊低頭拱手，恭敬的回答：

•孔子廟或簡稱爲孔廟、文廟，正殿奉孔子神位，兩廡則以孔門七十二弟子及歷代先賢等陪祀，每逢孔子誕辰，各級政府首長必親臨祭拜。

•八佾舞原是古代祭拜帝王所用，因爲孔子對人類的貢獻，破例使用。佾舞時，橫向有八人，縱向也有八人，共六十四位佾生。每位佾生身著淺黃色服裝，左手取籥的樂器（短笛狀的竹管），

（接下頁）

「知縣大人，是府裡的師爺辦的。師爺懂得規矩，一定準時。」

雖然他口齒清晰的答著，沈知縣卻好像沒聽到，站在庭院中央，遊目四望，嘴裡又喃喃的念了起來：

「六德齋、六行齋、六藝齋……」先是小聲，忽而又大聲起來：

「這些地方都打掃乾淨了吧！」

另一名生員立刻拱起手，響亮的回答：

「都打掃乾淨了，知縣大人！」

沈知縣點點頭，又要開口問，門房匆匆的跑過來，唰唰甩了兩下袖子，跪在地上：

「啓稟大人，知府大人已經到禮門了。」

「啊？知府大人到了。快去迎接他！」沈知縣低聲驚叫，趕緊整理衣冠，匆匆的往回走。其他的三人，快

步跟上去。

趕到禮門，一群精神抖擻的衛兵，早已排列兩側。而知府大人背著手，正望著古榕蒼松。沈知縣曲腰快步走到知府的身旁，唰唰甩了兩下袖子，高聲唱道：

「大人駕到，下官有失遠迎，請大人見諒！」

方頭大耳的知府一言不發，做了一個「請起」手勢後，轉身大步的走入禮門，一路直達官廳才停下來。除了沈知縣，還有幾位生員也緊隨在後。

知府大人四平八穩的坐在椅子上，啜了一口熱茶，開口說：

「沈知縣，你請坐吧！」

謝過坐，沈知縣恭恭敬敬的坐在一旁。知府又開口了：

「沈知縣，明天是至聖先師孔子的誕辰，是朝廷重

（接上頁）

右手持翟的祭器（木柄上裝有三隻雉雞的長尾），按照節拍獻舞。

•孔子生於春秋魯襄公二十二年（西元前五五一年），家貧好學。年輕時曾做過管理倉庫和牛羊的小吏，但他精通禮、樂、射、御、書、數六藝，主張以「禮」和「仁」管理國家，可惜不被採用。於是他帶著學生周遊列國，開創「因材施教」的

（接下頁）

（接上頁）

平民教育，並整理了許多古代的經典。魯哀公十六年（西元前四七九年），孔子去世，享年七十二歲。他的弟子和再傳弟子將他的言論輯錄成《論語》，深為後世學者推崇，因此被尊稱為「至聖先師」。

視的祭典，因此，朝廷特派咱們台灣第一位巡撫劉銘傳，要他主持祭典，我們……可不能出差錯！」

「是！大人。一切都已準備妥當，就等明天典禮開始。」

「那好！我知道你在這兒忙了一整天了，也不是要找你的麻煩，但為了慎重起見，我想去看看準備的情形。」

沈知縣一聽，立刻站起來，曲腰拱手，極其恭敬的答道：

「大人這麼關心，下官非常感激。這邊請！」

他正說著，原來站在門外的幾個生員，立刻拔腿狂奔，急急去通知其他的人。只見廟裡頓時又是一片慌亂。

沒一會兒，沈知縣陪著知府慢慢的走出來了。

•清康熙二十四年（西元一六八五年），分巡台廈道（官名）周昌及知府蔣毓英修建了明鄭時期的孔廟，改名爲台灣府學。又因此處爲台灣第一座學校，故稱爲「全台首學」。

•釋奠禮是祭祀大成至聖先師孔子的典禮，祭典中陳設音樂、舞蹈，並獻牲、酒等祭品，以表達對孔子的崇敬與追思。

首先，他們到大成殿，這兒是孔廟的中心。知府抬頭仰望，可以看到屋頂上飾有雙龍、寶塔、通天柱。隨著目光的移動，他又看到殿前的紅短牆上，雕有八隻小石獅，每一隻都活潑有趣。

大成殿的後面是崇聖祠，主祀孔子及五代祖先的牌位。知府站到神龕旁，仔細的檢查每個角落，然後點點頭：

「不錯！不錯！到處都很乾淨。」

沈知縣趕緊答禮：

「謝大人！」

看完主要的地方，又檢點過必備的東西後，知府穿過庭院，走出大門。他站在大門外，一邊仰頭仔細看，一邊吩咐：

「這『全台首學』的匾額，得擦亮一點。讓大家知

•台南府轄下有嘉義縣、安平縣、鳳山縣、恆春縣、澎湖廳，府治設於今台南市。

•台南孔廟原由鄭成功部將陳永華於明永曆二十年（西元一六六六年）建造，並設學校於此，以教化士民，爲台灣最古老的孔廟。

•下馬碑位於孔廟大門左側，上面刻有「文武官員軍民等至此下馬」，碑上並附有滿文，以示對至聖先師的尊仰。

道，咱們台南府城是全台童生入學之所。」

「是，大人！」沈知縣應道，隨即要站在一旁的門房去做這件事情。

這時，知府的眼睛又溜到一旁的石碑上了，只見石碑上刻有：

「文武官員軍民等至此下馬」

他立刻又叮嚀起來：

「明天，這得嚴格執行，不能讓那些不識字的老百姓，乘轎、騎牛的在這大門口逛來逛去。」

「是！大人，一定嚴格執行。」

沈知縣知道，這可不是鬧著玩的。孔廟自古即列爲朝廷祀典之處，是倍受尊敬的地方。即使是平常，文武官員至此都得下馬、下轎了，豈可在明天這麼重要的日子，讓老百姓放肆。

•台北孔廟原位於今北一女中、師範學院一帶。西元一八七九年動工興建，迄一八八四年止，規模大致完備。日治之初，一度損毀。一九〇七年，日人爲建國語學校，拆了它，並利用原址興建台北第一高女（今北一女中）。一九二五年，辜顯榮、陳培根等人籌資，捐出大龍峒附近之地，聘王益順爲設計師。一九二七年，破土興建；一九三〇年完工，並舉行祭孔大典。

當知府巡視一周後，太陽已經快要下山了。知府的轎子在離下馬碑很遠的地方等著，沈知縣陪著知府慢慢的走過去。

知府滿意的說：

「很好，看起來，明天應該會沒有問題。」

「謝大人，我會再做最後的總檢查。」

「好！很好！」

就要鑽進轎子前，知府轉過頭來，口氣很親切，低聲的說：

「今天晚上，我在府邸宴請巡撫大人，你也一道來吧！」

看著知府的轎子隱沒在暮色中，沈知縣吁了一口大氣，覺得心頭上的那顆大石頭可以放下來了。因爲知府最後說的那句話，正是對他的肯定呢！

關帝武廟

華人一向特別重視節操，舉凡歷史上有節操的人物，都是華人學習的榜樣，其中尤以關公忠義神武的氣概，為大家所崇敬。到了清朝，清廷更是宣揚關公顯靈的事跡，以協助清軍爭取民心。

這一天晚上，涼風習習，在營區裡，大家早早吃過晚飯，除了需要當班的人外，其他的人三三兩兩的聚在一起，在樹下、在角落，或蹲、或坐、或站，閒散的聊著。

從軍最久的王阿福，搖著一把破蒲扇，也湊在一堆年輕人當中，有一搭沒一搭的聊著。

突然，一個名叫長庚的年輕人，傾身向前，故作神秘的說：

「欸！我聽說，過幾天有個好差事。」

長庚是有名的包打聽，營裡雞毛蒜皮的事都逃不過他的耳朵。所以，他這麼一提，其他的人立刻放下懶散的表情，催促起來：

「什麼好差事？」

「快說！快說！」

連王阿福都忍不住停下搖蒲扇的手，眼睛瞪著長庚看。

長庚伸長脖子，四下看看，發現別人並沒有特別注意他們，才又放低身子，小聲的說：

「我聽說，過兩天長官要派幾個兵去打掃關帝廟，因爲祭典的日子到了。」

有人高興的擊掌：

「我們想辦法弄到吧！總比去曬太陽、挖水溝強。」

有人轉頭看向王阿福，慫恿著：

「阿福兄，這事兒您最行了，大家就靠您囉！」

「我去試試看，但是可不敢打包票。」

說完這句話，王阿福慢慢的搖起蒲扇，好像說給自己聽：

●關公是三國時代蜀漢的大將關羽，字雲長，紅臉配上一臉漂亮的黑鬍鬚，能耍大刀，英勇過人。與劉備、張飛結義於桃園，俗稱「桃園三結義」。曾大破曹軍，但後來中了吳將呂蒙的「驕兵之計」，在敗走途中被捕，不屈而死。他的忠義大節，永遠留存在大家的心中。

・因爲崇敬關公的節操，後人奉祀他爲武神，稱爲武聖君，爲他所立的奉祀廟宇爲武廟。

「若是眞有這個機會，我也想去燒燒香，瞻仰瞻仰武聖關公，祂是我最崇拜的人物！」

雖然王阿福說的很輕，大夥兒卻全聽到了，有人忍不住好奇的問：

「阿福兄，咱們這兒，就屬您資格最老了，您一定知道爲什麼要奉祀武廟吧！」

「是啊！是啊！我只聽說，文廟是奉祀至聖先師孔子，沒想到竟還有個奉祀關公的武廟，古時候武功高強的人不是很多嗎？」

有人反問他：

「譬如誰？」

「譬如……」那人搔著頭想了一下，大喊起來：

「譬如李鐵拐、呂洞賓啦！」

大家哄堂大笑起來：

「你說的是八仙！」

「那是神仙哪！」

王阿福搖著蒲扇，輕笑著：

「在我們家鄉，廟裡的牆壁上，也有八仙的圖像，只是沒有人特別去祭拜祂們。但是到了陰曆五月十三，關公單刀赴會的日子，我們會爲祂搭台唱戲。六月二十四，是關老爺的生日，那可就更熱鬧了，大家擠著要進門、叩頭、燒香，水洩不通呢！可見大家的心裡，覺得關老爺是比較厲害點兒。

「到了台灣府，我才知道，這兒的武廟，在雍正五年（西元一七二七年）列爲朝廷祀典，所以稱爲祀典武廟。」

有人還是不懂：

「爲什麼朝廷要崇祀關公呢？」

•台南的武廟建於明鄭時期，或謂永曆二十二年（西元一六六七年），廟中懸有明寧靖王親書「古今一人」一匾，後於雍正五年（西元一七二七年）列爲朝廷祀典，稱爲祀典武廟。位於台南的武廟與文廟（即孔廟），是目前保存最完整、最壯麗的古廟。

•清代所以特別崇祀關公的原因，其一，官方的鼓勵。因爲清朝初年，雖把台灣收入版圖，但是台灣民衆仍打著「反清復明」的旗幟，不斷反抗清室。爲了加強控制，清廷熱心推展關公「赤膽忠心」的節氣，鼓勵民間崇奉「關聖帝君」。

其二，民間的信仰。桃園三結義裡貴賤勿忘、存亡與共的作風，讓當時來台灣的福建、廣東移民，深受感動。

（接下頁）

包打聽長庚搶著回答：

「我知道！我知道！因爲皇上讀過《三國演義》，覺得祂太了不起了，要我們學習祂。」

大家正準備取笑長庚，沒想到王阿福卻點點頭說：

「這樣說，應該沒錯！我記得，我十五、六歲，離家從軍時，在軍營裡，大家都愛說《三國演義》，尤其說到曹操逃到華容道上，正好被關羽逮個正著。這時的曹操被追得披頭散髮、丟盔掉甲，一副狼狽的模樣，一點兒也沒有當年的威風了。關羽非常同情他，並且想起曹操以前對他的恩德，但是軍令如山，正在左右爲難……」

沒想到王阿福眞的說起《三國演義》的故事，大家聽得眼睛都不會眨了，只有長庚急急的想知道結果，忍不住插嘴問：

（接上頁）

加上當時只准單身漢來台，又要墾荒、又要抗番，合作的力量不可或缺，於是異姓、異鄉的人，互相稱兄道弟起來，一時結拜之事，蔚成風氣。

其三，關帝被視爲信義的代表人物，商人將祂當成保護神。關帝信仰普遍，往往與該地區的經濟繁榮、市鎮興起或文教發達有關。

「然後呢？」

王阿福搖搖蒲扇，不急不緩的繼續：

「關羽並不是個忘恩負義的人，最後決定放走曹操，自己回去接受軍法的處罰。因爲他這種忠義神武的氣度與精神，讓軍營裡上上下下的人都崇敬他，許多人還學習他，希望自己以後也能像他那樣呢！」

聽完王阿福說的故事，長庚得意的對大家說：

「瞧！我說的沒錯吧！我看，我們幾個，也學關老爺他們『桃園三結義』，大家結拜成爲好兄弟，不求同年同月同日生，但求同年同月同日死，如何？」

立刻，他的話得到其他人的同意，大家就在榕樹下，跪地向天，結成了生死與共的好兄弟。王阿福年紀最大，順理成章的當上老大哥，長庚年齡最小，是么弟。

‧關帝廟是指台灣其他奉祀關聖帝君的廟宇，根據民國八十年的統計，共有三百五十六座之多。位於北台灣的有台北民權東路的行天宮、台北縣三峽鎮的白雞行修宮，及宜蘭縣礁溪鄉的協天廟。

看著大家稱兄道弟起來，王阿福突然眼眶一熱，沒想到自己在軍旅這麼久，竟也可以像關公這樣，結交一批好兄弟，他覺得想去武廟燒香的心更迫切了！

延平郡王祠

清朝攻下台灣後，本將明鄭的遺物銷燬一空，但台灣的民衆依舊懷念他們，只有化明為暗，以「王爺」祭祀之。後欽差大臣沈葆楨為激勵台民士氣，奏請朝廷表彰鄭成功的忠義精神，終准予建立專祠，並追諡「忠節」。本篇是舉台南延平郡王祠為例。

阿寶提著他的文房四寶，跟在父親的後面，快步的走著。其實父親走得並不快，但是他的步伐很大，阿寶幾乎要小跑步才跟得上，因此他垂在腦後的辮子，隨著快步，一蹦一跳起來。

往學堂的路，阿寶早就走得熟透了，大街上哪兒有藥鋪，哪兒有布莊、南北雜貨、洋貨商，巷子裡哪個阿公會罵人、哪個阿嬤會露出小腳曬太陽……，他都摸得一清二楚、瞭如指掌。要不是今天父親正好要到府城辦事，和他一塊兒走，他一定慢慢兒的逛，算準先生要拿戒尺打人了，才進去讀書。

說起父親，不知怎麼的，阿寶打從心底怕他。其實，父親一年裡難得和他說上一句話，也從不打他，可是要是阿寶不乖的事傳到他那兒，只要他兩眼一瞪，阿寶就忍不住發起抖來了。就像此刻，阿寶跟在後面，看到父親的一隻手背在背後，慢慢的走著，辮子就在手的上方，輕輕的晃著，好像沒有以前嚴肅，阿寶突然有個衝動，眞想跑過去，把自己的小手放進他的大手裡。但是，阿寶就是不敢。

彎過大街，遠遠的就看到延平郡王祠的大門。這延平郡王祠，阿寶也不知進去逛過幾回了，知道裡面供奉的是延平郡王鄭成功，還有其他的一些人。

這會兒，阿寶突然想到，前兩天，先生心情特別好，竟然和他們說故事，說大家的祖先都是從大陸來的，說當年福建水師提督施琅怎麼打敗鄭家軍，怎麼拿下台灣。這一路聽來，好像鄭家軍做頑強的抵抗，像個大傻瓜，可是爲什麼還立個廟來祭拜他們呢？

心裡才起了這個問題，話已經到了嘴邊。阿寶竟想也不想的追上父親，把問題說了出來。

•施琅征台時，官銜爲福建水師提督。其後因征台有功，加授靖海將軍，封靖海侯。

•延平郡王祠的前殿供奉延平郡王，旁祀甘輝、張萬禮；後殿中央是翁太夫人，左爲寧靖王朱術桂，右是克臧夫婦。

•鄭成功原名森，爲福建總兵鄭芝龍的長子。清軍破山海關後，唐王隆武帝帶領明朝遺臣繼續與清軍對抗，他看到鄭森的忠誠，於是賜他皇姓「朱」，並封他爲御營中軍都督，後又晉封爲忠孝伯，賜尚方寶劍，掛「招討大將軍」的印。明永曆十五年（西元一六六一年），鄭成功驅逐荷蘭人，收復台灣，結束荷蘭人三十八年的統治，以台灣爲「反清復明」的根據地。

父親一聽，停下腳步，轉頭打量阿寶，那模樣好奇怪。阿寶後悔起來，責怪自己，竟然想也不想的提出問題。

一會兒後，父親轉過身去，又開始走了起來，只是步伐變小了。阿寶不敢再說話，乖乖的跟上去。倒是父親開口了：

「你知道鄭成功的故事嗎？」

阿寶看過祠裡的石碑，許多字不認得，但是胡亂猜一下，大概也可以猜到六分，所以他趕緊點點頭。

父親好像也不是眞要知道他的答案，自顧自的說了起來：

「當年鄭成功自荷蘭人的手中收復台灣，想建立爲反清復明的基地。只是沒想到，第二年他就積勞成疾死了。

•三藩起事指清康熙十三年（西元一六七四年），吳三桂、耿精忠、尙可喜三位清廷封位的藩王，聯合起來反抗清廷。

•牡丹社事件發生於清同治十年（西元一八七一年），日本琉球的船民因爲颱風的關係，漂流到現今屏東佳樂水的北邊，因誤闖牡丹社，遭到原住民殺害。日本藉口屬民被殺，舉兵侵台，打算長期占領台灣，史稱牡丹社事件。

「他的兒子鄭經，繼承父親的遺志，立聖學，設學校，招商興農，使台灣成爲一個繁榮、興盛的地方。後來，鄭經想利用三藩起事之際，乘機反攻，卻無功而返，憂憤而死。

「台灣的繁榮興盛，讓清廷刮目相待。於是施琅的大軍，在鄭經的次子克塽繼位兩年後，攻下台灣，將台灣正式納入清廷的版圖。當時，朝廷爲了防止『反清復明』的思想死灰復燃，對明鄭的文物銷燬一空，並且明令，不准祭祀鄭成功父子。

「但是，同治十三年，欽差大臣沈葆楨來台灣，處理牡丹社事件，卻發現台灣人暗地崇祀鄭成功。爲了鼓勵大家效法鄭成功愛國的情操，提振人心，於是奏請朝廷追謚鄭成功，並且建廟崇祀。」

說到這裡，父親抱拳朝天一拱，語帶恭敬的繼續：

•因爲日本侵台，使得清廷開始重視台灣的防務，特派欽差大臣沈葆楨辦理台灣、澎湖等地的海防。並主張「開山撫番」，解決台灣治安的問題。沈葆楨奏請朝廷追諡鄭成功，此舉乃在鼓勵士氣，因當時台灣外有列強覬覦，內有土匪番亂。沈葆楨一生忠貞清廉，與曾國藩、左宗棠、李鴻章並稱爲「中興名臣」，對台灣的建設有很大的貢獻。

「現今的光緒皇帝很英明，恩准追諡鄭成功『忠節』兩字，下令在台灣府建立延平郡王祠。這就是爲什麼會有延平郡王祠的原因。」

沒想到，平常沉默寡言的父親，故事竟說得這般好聽，聽得阿寶嘴巴張得大大的，忘記東張西望，滿臉盡是崇拜的表情。

這時，父親抬頭看看天色，牽起阿寶的手，催促道：

「要遲到了，先生怕要打手心囉！」

牽住父親溫暖的大手，阿寶小跑步起來，他心裡想：我才不怕先生的戒尺，今天我可有好理由呢！

霞海城隍廟

大稻埕的霞海城隍廟，廟宇雖小卻名聞全台。每年的農曆五月十三日的前後，城隍廟舉行迎神賽會時，從全省各地湧來的信衆，將大稻埕地區擠得水洩不通。

「不好了！不好了！打起來啦！」

林礬坐在櫃台後，手正撥著算盤，聽到這驚慌的喊叫聲，一失手把剛剛算的數目給打亂了。抬起頭，看到才派去碼頭的火旺，慌慌張張的跑回來，一邊大喊道：

「老闆，不好啦！頂郊和下郊的人打起來了！」

店裡其他的夥計露出驚訝的表情，街上來往的行人也都停下腳步，圍攏到店門口。林礬抓住火旺，安撫著：

「別急，喝口茶，慢慢說！」

一個眼尖的夥計趕緊遞過茶來。火旺急急的喝了一口，差點嗆到，咳得滿臉通紅，大家七手八腳的拍背、順胸口。等他喘過氣來，店門口圍了更多人了，全露出好奇的表情。

這會兒，林礬才又開口問：

「到底是怎麼一回事？打得厲害嗎？」

火旺一聽，氣又急了，像連珠炮一樣的說起來：

「打得好兇，棍棒都拿出來了，有人血流滿面，有人倒在地上不會動了，看起來好可怕喲！」

聽他這麼一說，店裡、店外的人臉色全變了。林欉當下做了決定，走到門口，對大家說：

「八甲庄的街坊鄰居們，頂、下郊不合的事，大家早就知道了，我一直擔心有一天會發生這樣的事情。今天的火併，恐怕兩邊的人馬都不會善罷甘休。我奉勸各位，現在趕緊回家，緊閉門窗，婦女、小孩不要隨便到街上來，等到事情平靜了，大家再出門。」

不等他說完，早有人拔腿狂奔起來，霎時，街上一陣雞飛狗跳——小孩害怕的哭鬧聲、大人的怒叱聲、關門、關窗的乒乓聲……，人人慌亂的走避起來。但是幾

•八甲庄是今萬華老松國小附近。

•郊或行郊，是一種商業同業公會。或由從事同一地區進出口的貿易商舖組成，如泉郊、廈郊。或經營特定商品的店家組成，如布郊、米郊。

秒鐘後，街上又陷入一片沈寂，剛剛的紛擾全消失不見了，整條街上靜得可怕，只看到從淡水河碼頭的方向，隨著風飄來一陣陣的黑煙。

林礬背著手，站在門口，聞著越來越濃的燒焦味，心裡重複著：

「終究是發生了！」

突然，他心裡一驚：

「糟了！霞海城隍的金身。」

這天晚上，八甲庄一片火海，把天空都燒紅了。

大街上，到處是晃動的人影，有人忙著搶救財物，有人呼天搶地、搥胸頓足，有人含淚悲鳴……。

已經是灰燼的暗巷中，有幾個人匆匆的走著。隱約中，有一個人懷裡抱著重物，其他的人則東張西望，一副護衛的樣子。

- **泉郊金晉順（又稱頂郊），以龍山寺爲中心，專和泉州貿易往來。以晉江、惠安、南安三縣的移民爲主，勢力最大。**
- **廈郊金同順（又稱下郊），以同安人爲主，專門從事廈門貿易。**

一行人，避開火舌跳躍的大街，避開哭號喊叫的人群，挑著僻靜的小路，腳步很快，夜半時分，來到了大稻埕。

大稻埕顯然在這一次火併中，沒受到波及，街道上安安靜靜的。但是那一行人，依舊不想引起注意，沿著走廊下的陰影，閃閃躲躲的來到金同利糕餅鋪。爲首的一人，才敲一下門，門立刻拉開一個小縫，一行人俐落的走進去。當最後一個人走進去時，還回過頭來，四下看了一看，隨即門又關起來了。

金同利鋪內，燭火通明，老闆陳浩然表情嚴肅，但語帶關心的問：

「一切還好吧！」

林欑拱拱手，答道：「神像很安全。」

只見神情肅穆的城隍神像，在燭光的照耀下，更顯得莊嚴。

打發其他的人去睡後，林欉和陳浩然仍坐在店裡討論著。

林欉對著陳浩然恭敬的拱拱手：

「當年，令尊陳金絨從福建同安奉載神像來台，借用八甲庄的店鋪奉祀，帶給居民平安，大家都很感激。我也曾希望，要趁此機會，向大家募個錢，建一座大一點的廟宇，化解大家的怨氣……」

說到這裡，林欉難過的搖搖頭：

「沒想到，就遇到這艋舺大械鬥。不過，藉這個因緣，把神像送回來，我們放心多了。」

「我聽說，今天的事端，是因爲兩批碼頭工人，爲了搶奪生意而發生爭吵。沒想到有人不服氣，先動了手，結果就一發不可收拾了。」

•同安人遷至大稻埕後，商況蒸蒸日上。咸豐六年（西元一八五六年），陳浩然倡建霞海城隍廟於南街，對大稻埕市街的繁榮大有助益。尤其是城隍廟成爲大稻埕街民信仰之中心，五月十三日之祭典，更吸引全台各地信徒隨香參拜。

•頂、下兩郊的人同在艋舺發展，因爲商業的競爭，利益難免衝突。而下郊的人一直想取代頂郊的事業，於是常有摩擦，演變成械鬥。發生於咸豐三年（西元一八五三年）的頂下郊拼，是艋舺大溪口街靠淡水河的碼頭，因爲兩派碼頭工人爭奪生意，導致爭吵，繼而演變成頂郊人（晉江、南安、惠安三邑人）聯合安溪人，與下郊人（同安人）聯合漳州人的分類械鬥。

「其實，冰凍三尺，非一日之寒。頂、下兩郊的人積怨太深，趁此大打出手，才讓事情更糟糕。」

接著他們討論著神像安放的問題，不覺得天已大亮。留守在八甲庄的火旺也趕過來通報消息。大家因此知道，死傷人數高達三十八人，八甲庄幾乎全被焚燬。

大家正在搖頭嘆氣，官府的捕快，帶著幾名手下來了。捕快開門見山的說：

「昨天的事，鬧得太不像話，請兩位走一趟。」

雖然，他們沒有參與械鬥，但是官府既然來請，林馨和陳浩然也只好跟去了。

當他們到達官府時，看到頂郊和下郊幾位有頭有臉的大佬，已經坐在裡面了。只見官員愁眉苦臉的對大家說：

「發生這樣的事情，害得許多人家破人亡，對大家

•中國自古以來卽崇信城隍，視其爲城池的守護神。到了明代，太祖朱元璋特別依其所管轄的地域，封爲帝、王、公、侯不等。清朝除了通令各省、府廳建造廟宇外，並將祭典列爲朝廷祀典之中。因此，新官上任或初一、十五，地方官都得進廟上香。後來城隍的信仰又演變爲祈雨禳災、翦惡除兇、護國保邦及管理亡魂的神明。祂掌管陰陽兩界、顯善懲惡，深得民衆的信仰與敬畏。

有什麼好處呢？而我，因爲各位的械鬥，被朝廷責怪下來，怕是要丟官了吧！想想看，大家離鄉背井，爲的還不是要過好日子。結果，這會兒不僅沒好日子過，還天天處在害怕之中，那又何必呢？

「我又聽說，昨天的大火，把供奉城隍神像的店都給燒了。大家要知道，不僅你們認爲城隍是你們的保護神，連朝廷都很重視呢！咱們清廷規定地方官上任，一定要先卜日，選擇良辰吉時，親自到當地的城隍廟，舉行就任奉告典禮。以後每個月的初一、十五，還要到廟裡進香，舉行三拜六叩頭的大禮。

「所以，現在各位把城隍廟都燒了，以後我到哪裡去燒香、叩拜呢？」

官員說到這裡，似乎難過得說不下去了，陳浩然趕緊站起來，拱拱手說：

•大稻埕的霞海城隍廟已於民國七十二年，被政府列為三級古蹟。

•大稻埕原為凱達格蘭族奇武卒（奎府聚）社所在地，據稱因從前有一大曬穀場而得名。其範圍約為今淡水捷運線以西、淡水河以東、忠孝西路以北、民權西路以南之地。

•台灣第一座城隍廟為創建於康熙三十八年（西元一六九九年）的台灣府城隍廟。

「大人，不必擔心，神像安然無恙。」

官員一聽，緊鎖的眉頭立刻鬆開了。等他再聽完陳浩然的解釋，馬上換了一張眉開眼笑的臉，連連說道：

「那可好！那可好！」

其他的人也都鬆了一口氣。趁此機會，陳浩然請求大家，除了重建家園、撫卹遺孤外，也請大家一起建造一座屬於大家的城隍廟。

於是，附近地區的民眾，有錢的出錢，有力的出力，在咸豐九年（西元一八五九年），於大稻埕建造一座霞海城隍廟，並在廟的西廡配祀當年因械鬥而死的三十八人，號稱義勇公。

自此，雖然械鬥不再發生，但是艋舺和大稻埕民眾對立狀態仍存在，因此每到農曆五月十三日城隍祭典時，大稻埕地區的居民會組織起來，舉辦熱鬧的迎神賽會，讓艋舺民衆知道，不可以小看他們。這種狀況一直延續到日治時代，才慢慢的化解，現在大家都在台北市區內，已不再分什麼艋舺或大稻埕的人了。

•霞海城隍廟位於台北市迪化街，與慈聖宮、法主公，合稱大稻埕三大廟宇。規模不大，但聲名卻與北港朝天宮、艋舺龍山寺並駕齊驅。其名稱的由來，是因該廟原始地點設在福建泉州同安縣下店鄉，下店鄉別名霞城，而該廟又建於臨海門，故稱爲霞海城隍廟。

保生大帝

保生大帝原名吳本，又稱為大道公、吳真人，是同安人的鄉土神。明末清初，同安人移民來台，隨著建廟奉祀，大家相信，奇疾沈痾，只要向保生大帝祈求，一定可以痊癒。本篇是舉台南學甲慈濟宮為例。

•保生大帝又稱吳眞人、大道公，原名吳本，福建同安白礁鄉人，生於宋太平興國四年，從小吃素，不近女色，精通醫術，救人無數。傳說他乘鶴升天後，還常下凡來濟助衆生，所以鄉民爲他建廟祭祀。台灣供奉保生大帝的廟宇很多，著名的有位於台北市大龍峒的保安宮，及台南縣學甲鎭的慈濟宮。

阿嬤一邊幫漢生穿上漿得筆挺的馬褂，一邊叮嚀著：

「漢生，等一下和阿嬤在廟裡，不可以亂跑，知道嗎？」

漢生扯扯圈住脖子的高領子，點點頭。

阿嬤幫著扣前襟的盤釦，嘴裡繼續：

「你是阿公的長孫，去求保生大帝，一定有效！」

漢生看著阿嬤插著珠花的頭，不解的問：

「阿嬤，我們自己的前廳，不是也供著神明嗎？爲什麼不去求祂就好？」

「去去去！小孩子不要亂說話。」

阿嬤一邊說著，一邊還回頭看看後面，好像後面有人在偷聽似的。確定什麼都沒有後，才轉過頭來，小聲的說：

「保生大帝是專門管醫藥的，求祂就沒錯。而且，咱們學甲慈濟宮的保生大帝神像，可是鄭成功將軍從福建白礁慈濟宮分靈過來的，最是靈驗了。待會兒，到廟裡去，你可別大聲的問東問西，知道嗎？」說完，她用力的扯扯馬褂的下襬，好像要漢生特別注意。

漢生當然知道阿嬤的意思，小聲的請求：

「阿嬤，要是我跪不住了，可不可以起來，在廟裡逛一逛？」

阿嬤瞪他一眼，走到鏡子前，再順順頭髮，確定珠花沒歪掉，才開口：

「可以，用走的，不要跑。要記得，你今天是穿馬褂，不是穿短褲。」

漢生趕緊點點頭，但是他也趁阿嬤轉過頭去時，用力的扯扯領子，圈得好緊，眞是不舒服！沒想到只是到

•學甲慈濟宮廟內供奉的保生大帝神像，據文獻記載，爲宋朝年間所雕刻，距今有八百多年的歷史。明朝永曆十五年（西元一六六一），鄭成功特地前往福建白礁慈濟宮迎請神像，到台南學甲建廟奉祀。

・學甲慈濟宮建廟之初，甚爲簡陋。康熙四十年改建爲宮殿式的規模，牆壁與屋頂有葉王十幅精巧絕倫的交趾陶作品，曾在世界博覽會中，贏得東方絕技的美譽。另外，出自大陸名家何金龍的剪黏作品，也是稀世的珍寶，因此被評爲三級古蹟。

廟裡燒個香而已，竟然還要穿得這般整齊，比過年還費事。

確定一切都沒問題了，阿嬤牽起漢生的手，來到阿公的房間。漢生看到阿公躺在床上，臉色蠟黃、兩眼緊閉、呼吸粗重，一點兒都不像以前那個，蹲在門檻爲漢生做陀螺的人，漢生不覺得心裡抽痛了一下。

阿嬤坐到床沿，抓起阿公的手，大聲說：

「孩子的爹，你好好的在家裡躺著，我這就到廟裡去求保生大帝，我相信祂一定會保佑你趕快好起來。」

阿嬤的聲音聽起來又大聲又堅定，但是漢生卻看到她的眼裡泛起一片淚光。他突然知道，爲什麼要穿得像過年一樣的正式了。這時，他覺得脖子上的高領好像沒那麼緊了。

接著，阿嬤把在旁邊照顧的媳婦叫到一旁，小聲的

•葉王是台灣交趾陶的開山基者。本名葉獅，嘉義打貓人（即現今嘉義民雄鄉人），因技藝精湛而獲「師」的尊稱，美名爲「王師」，後人因此稱他爲「葉王」。他的作品題材廣泛、造型生動、色彩溫潤鮮豔，兼具「胭脂紅」的釉色，被視爲是他的特色。日治時代，日本人曾將他的作品送往巴黎，參加世界博覽會，驚動全世界。

吩咐：

「漢生的娘，現在我就帶漢生到廟裡去。你阿爹再一個時辰要服藥，你可別忘了。」

漢生的娘乖巧的點點頭答道：

「我會記得的，娘，您放心。」

說完，她拍拍漢生的頭：

「路上要聽阿嬤的話，別給阿嬤惹麻煩。」

漢生乖巧的點點頭。

阿嬤纏過的小腳走不快，漢生提著供品也只能慢慢走。拐過巷口，走到寬廣的大街上，他們看到一對旗桿凌駕在所有的屋頂之上。

「你的阿公，到過許多地方，他說，咱們學甲慈濟宮的這對旗桿，又高又大，別地方見不到哩！」

「眞的？」

•上白礁謁祖祭典是指每年學甲附近十三庄頭於農曆三月十一日組成香陣，前往登陸地將軍溪畔頭前寮，「請火水」謁祖，遙祭白礁慈濟宮祖廟的祭典。

另有一說，此祭典原是奉迎保生大帝回唐山祖廟謁祖的活動。日治時期，台灣和中國的關係轉變，於是變通爲迎保生大帝至將軍溪畔，並舉行請水儀式，以表示飲水思源之意。

「是啊！最了不起的是，廟裡的那尊保生大帝神像，是宋朝時期雕刻的，所以非常靈驗。因此，每年農曆三月十一日，『上白礁謁祖祭典』這天，這方圓二十里內的人，都會過來參加，一來表達慎終追遠之情；二來祈求保生大帝保佑平安。你阿公總會放一大串的鞭炮，熱鬧熱鬧！」

原來，阿公不是只會種田、做陀螺，也敢放鞭炮，漢生覺得阿公眞的應該趕快好起來。

雖不是特別的祭典日子，廟裡仍有許多人上香、擺供品，顯得很熱鬧。漢生很驚訝，衝口就問：

「這麼多人！他們家的阿公也生病嗎？」

阿嬤狠狠的瞪他一眼：

「小孩子又亂說話了。保生大帝也會保平安呀！」

阿嬤一邊把供品擺到供桌上，一邊提醒：

•在學術上，交趾陶專指在台灣發展的低溫彩釉捏塑的陶藝。於清末由閩粵匠師傳入本省，當時主要是爲富宅及廟宇燒造裝飾品。主要的原料爲陶土，捏塑成形後，要放置一段時間陰乾，再以攝氏八百度的溫度素燒。此溫度燒成的陶器，質地鬆軟，具有滲水性。早期交趾陶的釉藥是以具有揮發性的鉛釉爲主要成分，但因鉛會揮發出毒性，所以現代交趾陶作品已不用鉛釉。

「好啦！去拜墊上跪好，我教過你的，等一下可別再亂說話了。」

漢生知道，阿嬤雖然沒有露出生氣的樣子，但是這樣的警告已經夠了，於是趕緊跪到拜墊上，等著。

阿嬤踩著小腳，搖搖晃晃的走過來，分了三炷香給漢生後，一隻手扶著供桌角，慢慢的也跪到拜墊上，兩手捧起香，舉到額頭上，恭敬的拜了三拜，嘴裡喃喃的念了起來。

漢生也裝模作樣的跟著拜了三拜，嘴裡小聲的念道：

「保生大帝啊！你要保佑我阿公，讓他身體趕快好，他才能跟我一起放鞭炮。」

前面的話是阿嬤教的，最後面的一句，是漢生自己加上去的。他想，既然阿嬤都可以要求保生大帝，他應該也可以做一點小小的要求吧！

當他說完這些，轉頭偷偷的看看阿嬤，咦？怎麼阿嬤還在說呀！不是只要說這幾句話就好了嗎？

漢生轉念一想，哦！大概要說三遍吧！於是，他又小聲的念起來：「保生大帝啊！你要保佑我阿公，讓他身體趕快好，他才能教我打陀螺。」「保生大帝啊！你要保佑我阿公，讓他身體趕快好，他才能說故事給我聽。」

他相信，保生大帝一定會聽他的禱告，滿他的願。而且，他眞的希望，阿公快快好起來，好趕上今年的「上白礁謁祖祭典」，大家一起放鞭炮！

•剪粘與交趾陶都是用來作爲廟宇裝飾的重要手法。只是剪粘在製作上，先以灰泥塑出人物或花草的粗胚，內部藏有鐵絲加強結構，再以特製的鉗子，剪下碗片，嵌在未乾的泥塑上作爲衣飾。近來，因爲交趾陶的製作費時費工，且保存不易，有漸被剪粘取代的趨勢，而剪粘也以有色玻璃取代碗片。

觀音佛祖

佛經上說，觀音佛祖大慈大悲，會聽苦惱眾生的音聲來救度他們。所以不管在世間的哪個角落，只要以音聲祈求觀音佛祖，一定有求必應。因此，在中國人的心目中，觀音佛祖是慈悲、善良與完美的象徵。三邑人尊為鄉土神。本篇是舉艋舺龍山寺為例。

•艋舺龍山寺位於台北市萬華區廣州街。創建於乾隆三年（西元一七三八年），乾隆五年（西元一七四〇年）完成。後經歷多次整建，更增氣勢。其中，民國八年重建時，有位福智禪師將自己省吃儉用的七千多元，全部奉獻出來，帶動艋舺地區的民眾紛紛解囊，才有現在的規模。

光緒十三年，台灣建省，劉銘傳爲首任巡撫，積極的建設台灣，讓台灣成爲現代化的省分，到處是一片繁榮的氣象。尤其是北台灣的艋舺，更是商賈聚集、熱鬧非凡之地。而位於艋舺地區的龍山寺，則成了大家精神寄託的地方。

這一天，陽光灑落在天井中，裊裊的煙塵隨著空氣的流動，在陽光中忽東忽西的飄浮。天井旁的石階上，坐著幾個老人，閒散的聊著。

有個辮子就像黑白兩色花繩編織而成的老人，開口問他旁邊的老人：

「這位鄉親，剛剛聽您說話的口音，不像咱們這兒的人，您從哪裡來的？」

「我呀！竹塹來的。」

其他的人一聽，全露出驚訝的表情：

「竹塹！那可遠呢！」

「哇！您大老遠來這兒求觀音佛祖，一定有特別的事囉！」

那老人點點頭：

「是啊！我兒子娶了一門媳婦，已經六年了，還不曾爲我生下一個孫子。我聽說，艋舺龍山寺的觀音佛祖最靈驗，有求必應。所以我就來了。」

「沒錯！沒錯！」頭髮花白的老人肯定的回答：

「以前，我住福州鼓山，我們那兒的人，家裡都供有觀音佛祖，每天上香、供水，稱念祂的名號，家家戶戶都平安。每年我還會去浙江普陀山朝山，看到幾千、幾萬人和我一樣，懷著恭敬的心，一步一拜或三步一拜的一路拜到山上去。因爲他們每個人都曾發生過不可思議的事情，蒙觀音佛祖大慈大悲的救度，所以信奉得更

•艋舺龍山寺在二次大戰期間，寺院的中殿及右廊曾遭炸彈炸毀，唯有觀音佛祖的聖像卻毫髮無損的端坐在中間，被認爲是神跡，一時虔誠的信衆，蜂擁而至。如今，寺院的大殿大半是光復後才修建的。

•艋舺龍山寺與大龍峒保安宮、艋舺清水巖，並稱爲台北三大廟門。

虔誠了。而我到台灣來以後，知道艋舺有這麼一座供奉觀音佛祖的龍山寺，有空時，一定來上香。」

竹塹來的老人露出好奇的表情：

「聽您這麼說，您也曾經遇過不可思議的事情囉？」

「是的。我是做生意的人，大江南北到處奔波，身上又帶著錢和貨物，賊人特別覬覦。有一天，我經過一處幽暗的樹林，林子裡忽地跳出幾個拿大刀的劫匪，不僅搶了我的錢和貨物，還把我五花大綁起來，關在一處空屋裡。我很害怕，又渴又餓，心想鐵定會把命給丟了，正要哀嘆，忽然轉念又想，如果眞會死，我何不求觀音佛祖來接我呢？

「所以，我就開始默念起觀音佛祖的名號。沒想到，念了幾十聲後，心慢慢的定了，也不害怕了。後來，竟睡著了。過了許久，有個老人走進來，搖醒我，幫我解開繩子，叫我趕快走。

「那時，我還聽到，隔壁房間的劫匪正大聲的討論如何分贓。老人陪我走出屋外，指出逃走的路線，隨著他的手指，我看到一顆非常明亮的星星，正好可以標出方向。我感激萬分，轉過身來要謝謝他，他竟不知何時不見了，讓我詫異不已。

「那個晚上，我憑著那顆星星的指引，找到了客棧，又輾轉回到家中。當我跪在家裡的神龕前，感謝菩薩的保佑時，覺得那老人的臉就和菩薩的像，一模一樣呢！」

旁邊另一個老人聽完這些，也點頭插嘴：

「這位大哥說得極是。我的鄰居阿福也遇過類似的事情。阿福是跑船的，有一天船在海上遇到颱風，浪大

•除了台北萬華龍山寺享譽國際外，鹿港龍山寺也被中外人士譽爲「中國建築學之寶」、「台灣藝術殿堂」。該寺創建於清乾隆五十一年（西元一七八六年），是台灣規模最大、最具藝術價值的佛寺，至今仍保持得很完整。

得嚇人，眼見就要把船掀了。船上的人全怕得哭爹喊娘的，阿福心裡想，他的小孩恐怕要變成沒爹的孤兒了。正在苦惱，船老大突然對大家說：『大家這樣亂哭、亂叫也不是辦法，我聽說，觀音佛祖大慈大悲，救苦救難，大家不如跪在甲板上，一起祈求菩薩吧！』

「大家聽完，果眞全跪下去了，大聲唱念：南無觀世音菩薩！沒想到，念不到十句，風雨就慢慢小了，同時，大家又看到有個手提竹籃、白衣白裙的姑娘，站在船頭，微笑的看著大家。

「不一會兒，雲破天開，大家發現，他們的船竟平平安安的回到滬尾了。從此以後，阿福不僅早晚對菩薩上香，初一、十五也一定到龍山寺來叩拜一番，並且逢人就說，觀音佛祖眞的是救苦救難、大慈大悲呀！」

這些話，聽得竹塹來的老人，更加有信心了，趕忙

• 滬尾即現今的台北縣淡水鎮。

• 竹塹即現今的新竹市。

•傳說，很久以前，興林國的國王有三個女兒，其中最小的妙善公主有一副慈悲的心腸，不僅愛護世間萬物，也很孝順，曾在母親病重時，割下腿上的肉，煮湯給母親喝。後來，她有機會修學佛法，救度衆生的心願就更迫切了。當她修學有成，證得菩薩的階位後，常變化不同的身像；老婆婆、大官員、小姑娘、國王、乞丐、富翁、出家人、婦人、年輕

（接下頁）

站起來，提起謝籃，嘴裡說道：

「看來，我得更誠心才行呢！」

這時他往謝籃看了一下，哎喲一聲叫起來：

「這些供品剛剛都拜過了，恐怕是不能再用了！」

其他的老人趕緊安慰他：

「沒關係！沒關係！沒供品也沒關係！」

「是啊！一束香、一杯水也可以供菩薩。」

「哎！就算沒有香和水，合掌一揖，誠心就好了！」

「對啦！對啦！心誠最重要。」

竹塹來的老人，恭恭敬敬的跪在神龕前，說出他的祈求。他相信，觀音佛祖一定聽到了！

（接上頁）

人等，來幫助苦難的衆生。因爲他所現的身像不一，所做的事情也多得數不清，因此有些佛寺裡的觀音佛祖塑成千手的形象，以示他「千處祈求千處應」的慈悲胸懷。

以上爲民間傳說，若以佛家的說法，觀音佛祖早已成佛，因爲這世間的衆生苦惱，所以示現菩薩的身像，慈悲救度衆生。

清水祖師

清水祖師是福建安溪人的鄉土神。清嘉慶、道光年間，台灣逐漸推廣茶葉種植，安溪人隨著大量來台，從事茶葉種植與製造，清水祖師的信仰也跟著移到台灣。本篇是舉艋舺祖師廟為例。

一大早，丁貴和王福就蹲在茶園邊抽旱菸。

丁貴抬頭看看逐漸明亮的天色，嘆了一口氣：

「看來，今天又不會下雨了。」

王福轉頭看著垂頭喪氣的茶樹，和裂開口的土地，也無奈的說：

「這樣下去，怎麼得了呢？今年冬天大家要餓肚子了！」

丁貴噴出一大口煙：

「算一算，大概有五、六十天沒下雨了吧！」

「恐怕不止，聽說村長有記錄，快一百天了！」

「唉！再這樣下去，人也會沒水可喝了。」

「是啊！誰也沒想到，咱們滬尾一向多雨水的，竟會乾旱了這麼久。」

「你還記得嗎？今年初，大稻埕的李春生派人到我

•李春生是福建廈門人。年幼家貧失學，到商行當夥計，幫忙負擔家計。十五歲時，到教堂學習英文，很快就能聽、說、讀、寫。他在來台灣之前，除了擔任怡記洋行的買辦外，也自營四達商行，兼賣茶葉。同治四年（西元一八六五年），被聘為台灣寶順洋行經理，負責進出口事宜，進而經營淡水山坡地的茶葉種植、焙製及外銷。其中，烏龍茶在西元

（接下頁）

（接上頁）

一八六九年成功直銷美國，包種茶也在一八七二年暢銷南洋，他因此被稱爲「台灣茶葉之父」。光緒十三年（西元一八八八年），台灣建省，首任巡撫劉銘傳暫駐大稻埕，他協同富紳林維源，合建千秋、建昌兩條街，帶動大稻埕地區的繁榮。當年他所住的宅第及所捐贈的禮拜堂，現在依舊存在，位於甘州街上，是大稻埕地區重要的建築。

們這兒來，要拿錢給咱們種茶，而且，等到茶葉收成的時候，保證用很好的價格來收購。啊！聽得我好高興，覺得咱們的好日子就要來了。」

「是啊！我還想，利用那筆錢把破損的屋頂修一修。只是，更沒想到的是，好機會來了，老天爺竟不幫忙，難道咱們茶農註定要過苦日子的嗎？」

「唉！我看，老天爺不下雨這件事，不僅巡撫幫不了忙，連皇帝也沒辦法呀！」

兩人正在搖頭嘆息，茶園的另一邊冒出一個人，往這邊大喊：

「阿貴叔！福叔！我阿爹請你們過去一趟。」

原來是庄長的兒子阿正，一邊喊，還一邊招手。

丁貴和王福趕忙站起來，沿著小路走過去，嘴裡也大聲的嚷道：

「來囉！來囉！」

「什麼事啊？要我們這麼早就去你家。」

「還不是爲了天旱的事。」

阿正回應著，領著兩人來到家裡的廳堂。只見頭髮已經花白的庄長，坐在大椅子上，旁邊的椅子上也坐了幾個庄裡的長者。

庄長一看丁貴和王福跨進門檻，開口說：

「好了，我看人差不多到齊了，我就把大家請來的原因說一說吧！

「大家都知道，今年大旱，已經有三個多月沒下過雨了，不僅茶樹被旱死了，人也快沒水可喝了。我正愁得睡不著覺，今天早上上香時，卻讓我想到個好辦法！」

「什麼辦法？」有個長者忍不住開口問。

•安溪一向以採茶聞名，安溪人也多從事茶葉種植與製造。清嘉慶（十八世紀末到十九世紀初）時期，全台只有水沙連（南投）一帶產野生茶，因產於「番界」難以採收，產量極小。嘉慶年間，柯朝由福建引入武夷茶種在深坑（一說瑞芳），但至西元一八五〇年，北台仍只有深坑、坪林產茶。開港之後（一八六〇年代），茶的栽種日廣，彰化至石門間的丘陵地逐漸成爲台灣的重要茶產地。

「大家還記得嗎?咱們祖先以前在大陸安溪的老家，供奉清水祖師，是因爲有一年安溪發生大旱，大家力請當時法號普足的祖師爺來祈雨。啊!普足法師眞的是一位有修有證的修行人，隨著他的祝禱，大雨緊跟著就下下來了。當時，咱們安溪的人非常感激，特別造了清水巖，禮請他駐錫下來。自此，他爲咱們安溪造橋鋪路，不遺餘力，深受大家的敬愛。他圓寂後，大家爲了紀念他，建塔刻像祭祀他，尊稱他爲清水祖師。」

另一位長者點頭附和：

「對對對，聽我的祖父說，他還被歷代的朝廷封爲：昭應惠慈廣濟善利大師呢！」

丁貴聽得一愣一愣的，傻傻的問：

「所以我們……」

庄長嚴肅的回答：

•清水祖師生於福建永春縣，俗姓陳，名應或名昭，法號普足，在大雲院出家，於大靜山明松法師座下習法。宋元豐六年（西元一〇八三年），安溪大旱，當地民衆請他前去祈雨，隨著他的腳步，雨跟著就下來了，安溪鄉民非常感激，特別造了一座「清水巖」，請他駐錫下來。普足法師在清水巖住了十九年，爲安溪地區築路、造橋，不遺餘力，深受安溪居民的敬愛。

（接下頁）

「所以，我們也去求祂！」

坐在廳堂裡的人全都點頭同意，七嘴八舌的討論起來：

「早該想到這個辦法的。」

「請大家沐浴更衣、齋戒一番，好表示我們的誠心！」

「咱們村裡的要拜，別村的呢？」

庄長舉手制止了大家的討論，等大家安靜下來，才開口說：

「我聽說，艋舺的祖師廟裡的清水祖師，正是從咱們安溪分靈過去的。我想，也派幾個人過去祭拜、祈求。」

「沒錯！沒錯！」有個年紀最大的長者出聲回應：

「艋舺的祖師爺靈驗得很！其中有一尊，聽說鼻子會自動掉下來，不是黏在神帳上，就是貼在神龕上，不管用什麼方法都黏不回去。因爲祂正是要警告我們，有大事要發生了。等到事情過去後，鼻子又會自動回到臉上去。所以，大家尊稱祂爲落鼻祖師。」

王福聽完，舉手發問：

「庄長希望派誰去呢？」

庄長慎重的回答：

「雖然不必敲鑼打鼓的去，但也不能太失禮，供花供果總是要的。所以要請兩、三位自認爲腳力還好的長者前去，丁貴、王福和阿正就負責挑扁擔、帶供品，明天一早出發，大家覺得如何？」

人選很快就推派出來了。隨後，大家分頭去準備要用的東西，雖然有些繁瑣，但是大家的心裡卻是充滿期待，因爲，雨水就要來了！

（接上頁）

圓寂後，居民爲他建廟祭祀。後代政府累封他爲「昭應惠慈廣濟善利大師」，通稱爲祖師公，是安溪人的鄉土神。

•艋舺祖師廟創建於清乾隆五十五年（西元一七九○年）。與艋舺龍山寺、大龍峒保安宮，合稱台北三大廟門，是台北市著名的古建築之一。廟內供有七尊自安溪分靈而來的祖師神像，其中蓬萊祖師，俗稱落鼻祖師，最爲神異。

•三峽祖師廟創建於清乾隆三十二年（西元一七六八年）。於道光年間，因大地震而遭破壞，在道光十三年募款重建，更名爲長福巖。日治時期曾是義民抗日的根據地，又遭日人焚燬。民國三十六年，第三次重修，由畫家李梅樹擔任美術設計及工程指導。

他主張慢工出細活，所有雕塑全以手工打造，例如廟中一對「百鳥柱」，刻有一百隻鳥，每隻鳥姿態不一，但每敲幾次，就得停工休息，免得石頭因連續的敲打產生高溫而斷裂。因爲如此的態度，三峽祖師廟在木刻、石雕和銅塑的式樣與數量之繁複多變，堪稱台灣第一，因此也被譽爲「東方藝術殿堂」。

•李梅樹台北縣三峽人，生於西元一九〇二年。在三角湧（即現今的三峽）公學畢業後，一九〇八年考入總督府國語學校（第二年更名爲台北師範學校）。一九二九年到東京美術學校留學，專習西畫科。自一九二七年起，他的畫作先後得到「台展」、「府展」入選及特選等殊榮。爲了祖師廟工程，他長期義務奉獻心力，直到一九八三年他去世時，重建工程尚未完成。

燒王船

早年，台灣因為地處溼熱，加上醫藥不發達，只要瘟疫一起，很快就會四處蔓延，因此百姓只好祭祀惡疫之神——瘟王，以驅災害，避邪惡，而燒王船正是最後一天的重頭戲。本篇是舉西港慶安宮燒王船為例。

•神明定期出巡，或不定期的迎神活動，稱爲遶境、遊行或遊境。南部則俗稱「巡庄」，意指繞行庄頭之意。民間相信，神明遶境可以驅逐邪穢，帶來吉祥、平安，而參與活動、隨香的信衆，會得到神明的保佑，所以幾乎家家戶戶都會參與，並藉此機會邀請遠地的親戚、朋友，前來作客、參觀。

•西港位於台南縣，地處曾文溪旁。

鑼鼓、嗩吶聲越來越近了，俊傑的心也跟著越跳越快！

「俊傑！」站在另一頭的正雄，扯著喉嚨叫著：「你那邊的信衆，叫他們不要再擠了，等一下擠到火堆裡去，就危險啦！」

他一邊叫，一邊指揮鑽過繩界的小孩子退回去。繩界的後面，滿是鑽動的人頭，每個人都伸長脖子、跳著腳，急切的等待著。

其實，俊傑哪有不管呢！這七、八天下來，他的喉嚨早就喊啞了。只是，今天是慶典的重頭戲——燒王船，大家的情緒漲到最高點，還眞是不太好控制。

說起他們西港燒王船的慶典，由來已久，要不是俊傑這一次參與管秩序的工作，事前村裡的長輩先上了一些課，他還眞是不知道呢！

原來，他們西港慶安宮主祀的媽祖神像，當年正是延平郡王鄭成功迎請過來的，除天上聖母外，還有城隍境主和中壇元帥入宮奉祀。

但是，因爲台灣地處溼熱，加上移民水土不服，造成瘟疫流行，於是人民祈求媽祖，由祂請旨玉皇大帝，恩准欽命惡疫之神——瘟王降臨，以驅災、避邪。這一請旨，果然有效，瘟疫竟不再漫延，漸漸可以控制了。人民在感念之餘，決定每三年舉行一次建醮、遶境的儀式，以示謝意。

一百多年來，每三年的農曆四月中旬前後，無數的香客和信徒就陸續的湧入西港，爲的是參與此一重大的慶典。

以前，俊傑年紀小、不懂事，跟在大人後面進香，看戲，吃吃喝喝，熱鬧一場。這八天參與了其中的工

• 醮原意爲祭神。台灣一地，每逢地方不寧，就會向神祇許願祈求。如果靈驗，便舉行隆重祭典酬謝，同時祈求未來之福。這一連串的許願祈神、謝願酬神的宗教活動，就稱爲建醮。醮的種類繁多，如清醮、平安醮、慶成醮等。

•王醮又稱爲王船醮，一般俗稱瘟醮，或瘟王醮。剛開始，是因爲發生瘟疫，在瘟疫後舉行。後來，漸漸演變成定期舉行，三年一科或十二年一科，醮期以三天居多。

作，才知道眞是不簡單，例如：媽祖神像如何回去開基的祖廟？走哪一條路線？其他寺廟的神轎、陣頭要如何安排？隨香的香客、信衆，吃、喝、睡的問題該怎麼解決？如果沒有處理的經驗，一定會一個頭兩個大。此外，最重要的王船，要燒多大？建多久？如何從大街運到焚燒的地點？每一個步驟都要仔細的思考、討論，才不會到時候燒不成，那罪過可就大了！

而今年，燒王船有更重要的意義，因爲從北台灣和台南府都傳來消息，清廷因爲和日本打仗，輸了，要把台灣割讓給日本。日本人長什麼樣子呢？他們會怎麼管理大家？他們說的話大家聽得懂嗎？許多許多的疑問和猜測，在大家的口耳間流傳，人心更加不安、害怕，所以祈求平安可以說是大家最大的心願。

俊傑正擔心著，突然，有人大喊：

「來了！王船來了！」

霎時，繩界旁的人群又是一陣騷動，幾個好奇的小孩，一手抓著繩子，身子早就超過繩界，頸子伸得老長，眼睛瞪得銅鈴般大，直望著王船來的方向。俊傑趕忙收收心，把那些小孩趕回去。

咚咚咚的大鼓聲，現在直敲著俊傑的心臟了，嗩吶聲也快穿破俊傑的耳膜，只見像樓房那麼高的王船，隨著鑼鼓聲，咕嚕咕嚕的滾到大家的眼前。繩界後面的人全跪倒在地，不是高舉著香，就是叩拜起來。

王船在預定焚燒的位置固定下來，隨著王船而來的神轎、陣頭，開始繞著它急舞、狂奔、耍弄一番，鑼鼓聲如雨點而下，嗩吶聲又急又亮，俊傑的心簡直要從喉嚨裡跳出來了，繩界後的民衆更是誠心的叩拜。

舉火了！

•西港慶安宮的燒王船活動，就是屬於王醮。道光二十七年（西元一八四七年）起，每逢丑、辰、未、戌舉行一科王醮和刈香，俗稱「西港仔香」。每到科醮之年，都得起造王船，等到進入醮期，則先請王，然後遶境，最後才送王、燒王船，結束整個科期。

•燒王船是指廟方先在一公里外買下一塊田地，以供燒王船之用。當天，把王船裝上輪子啓程前往。船前，隨香的信衆會清掃街道，好讓王船順利通過。也會有身穿黑衣、披戴紙枷的民衆，在前面開路。到達目的地後，陣頭、神轎等會再舞耍一番，最後等時辰一到，舉火燒船，儀式才算是告一段落。

小小的火燄先吃掉了王船的一個角落，然後逐漸漫延開來，吃掉船的底部。信衆祈求的喃喃聲，陡然升高起來，掩蓋住木頭的爆裂聲。俊傑才眨一下眼，火燄忽地就吞噬了整個王船，煙灰往上衝，隨著風四處飄散。俊傑的臉被照得又熱又燙，心也變得又熱又燙，他相信，他和所有信衆的祈求，都隨著王船的焚燒，送到了天上，天下會太平，台灣也會太平！

五府千歲

日治時期，日本殖民者雖壓抑台灣的民間信仰，但是台灣的民眾對於神明護國佑民的信念，卻是堅信不移的。本篇是舉南鯤鯓代天府為例。

•光緒二十年（西元一八九四年），中日甲午戰爭，清廷戰敗，於第二年與日本簽訂馬關條約，割讓台灣、澎湖。當時，台灣各地紛紛展開抗爭，企圖阻撓被異國殖民的命運。

大拜拜的日子就快要到了，阿清、文欽和幾位年輕人，被叫到廟裡來幫忙，做一些粗重的活兒。

下午三、四點，管廟務的六叔公準備了一些點心，讓大家塡塡肚子，一邊吃，大家一邊聊著。

「六叔公，你管廟務管多久啦？」

「快三十年囉！」

阿清伸伸舌頭：

「這麼久哇！我還沒生出來，你就在這裡啦！」

文欽接口說：

「六叔公，你怎麼會想做這個事呢？我上公學校，聽日本老師說，咱們漢人最愛拜了，什麼都拜，眞不曉得在拜什麼。你覺得是這樣嗎？」

六叔公一聽，眼睛先朝四周看了一遍，壓低聲音回答：

•日治時期，尚未實施皇民化運動之前，總督府對台灣人民的宗教信仰並不干涉。但自從西元一九三七年推行皇民化運動後，開始關閉寺廟，砍燒台灣人家中的祖先牌位及神像，並強制大家穿上日本和服，到神社參拜，祈禱日本「武運長久」。

「我是不曉得日本人拜什麼，但是我瞧他們到神社去，香也不拿，兩手一拍，往額頭一擺，就算是拜完了，才眞是莫名其妙呢！」

六叔公一邊說，還一邊滑稽的學日本人拜拜的樣子，惹得幾個年輕人都笑了。但是一等他們笑完，六叔公又換上嚴肅的表情：

「然而說起咱們漢人拜天地，拜祖先，則有崇敬大自然，緬懷祖先，愼終追遠的意義，怎麼是亂拜呢？還有，你們這些年輕人，說話要看時候，眼睛也要放亮一點，別想到什麼就說什麼。現在日本警察到處都是，我可不想說錯話，陪你去坐牢！」

文欽一聽，也趕緊回頭四處看了一看，確定沒有問題後，才鬆了一口氣，繼續問：

「那麼，六叔公，咱們這南鯤鯓代天府，拜的是什麼？爲什麼要拜呢？」

大家一聽，又大笑起來：

「文欽，你別笑死人了，好不好？」

「文欽，你現在幾歲了，還不知道咱們代天府拜的是誰呀？」

「拜五府千歲呀！」

六叔公也瞪他一眼，嘲弄著：

「文欽，你爲什麼要到廟裡來幫忙？」

文欽被大家笑得脹紅了臉，急急的解釋：

「我不是不知道，我的意思是說，爲什麼要拜五府千歲？而且你們看……」文欽走到神龕前，指著神像說：「這裡明明有六尊神像，除了五王爺外，另一尊又是誰？我……我只是想弄清楚。」

「這個你們問我，就問對人了。」

六叔公擺出一副說故事的架勢：

「三百多年前，我們的祖先從大陸移民到這兒來的時候，南鯤鯓原來是咱們北門鄉西方海上的一座孤島。它雖是海上的一座孤島，人煙罕至，島上的氣象卻很不錯，樹木高大青翠，蟲鳥爭鳴，許多漁民喜歡在捕魚旺季的時候，到那兒去休息一下。

「有一天，大家忙了一個晚上，經過南鯤鯓時，又停下來休息。正當大家在沙灘上聊天時，忽然聽到海面上傳來鐘、鼓、絲弦的樂聲，不一會兒又看到一艘金光閃閃的小船往岸邊靠過來。大家七手八腳的把船拉上沙灘，發現船上放著六尊穿著絲綢做的衣服的神像，上面分別寫著大王李府千歲、二王池府千歲、三王吳府千歲、四王朱府千歲、五王范府千歲及中軍府，個個面目威嚴肅穆，令人望了心生敬畏。」

• 南鯤鯓代天府創建於清康熙元年（西元一六六二年），廟裡的建材全部取自福建地區，廟宇的剪粘、雕刻也都是出自大陸名匠之手。

「哦！原來第六尊神像是中軍府。」

「因此，漁民就合力建廟奉祀，取名爲『代天府』。」

「建廟以後，咱們這地方眞的平安了嗎？」

「是啊！除了台灣剛剛割讓的那一段時間，有點兒動亂外，大部分來說，可以算是平安的。」

阿清想到另一個問題：

「咦？但是我們現在的代天府，不在孤島上呀！」

六叔公仔細的解釋：

「那是因爲海潮沖刷，以及幾次山洪爆發的關係。我還記得，我小的時後，有一次，從山上流下的洪水把這附近的地全淹沒了，汪洋一片，分不清哪裡是海洋哪裡是陸地？

「當然，代天府也泡水了！所以，大家決定把廟宇遷到桄榔山的現址，只是大家很習慣稱它爲南鯤鯓廟。」

文欽又有疑問了：

「爲什麼有一尊王爺的神像，被刻成兩眼突出、鬚髮直豎的樣子呢？」

六叔公拉了一張板凳，坐下來，慢慢說：

「傳說，五府千歲是唐朝時代的五位生死結拜的兄弟，他們同時考上進士，卻受到冤屈而死。他們的忠魂護國祐民的事跡，後來連皇帝也知道了，因此被敕封爲王爺。至於鬍鬚直豎、兩眼突出的王爺，是二王池千歲，其中有一段感人的故事。」

所有的人耳朵全豎起來了：

「眞的?有故事啊！六叔公，您趕快說給我們聽吧！」

「有一天，池王到人間巡視的時候，突然看到天上降下一位瘟神。池王攔下他，問道：『這位神官，您匆匆忙忙的要往何處？』」

「瘟神回答：『我奉了玉帝的命令，要前往某地散布瘟疫。』

「池王一聽，很同情那個地方的人，開始求情：『這瘟疫一散下去，人畜會死傷很多，難道不能饒他們一命嗎？』

「瘟神搖搖頭：『沒辦法呀！這地方的人貪圖口慾，造下很重的殺業。加上又不愛惜環境，即使玉帝不派我去，那個地方的人也會自食惡果呀！』

「池王知道，那地方雖然也會小有災害，總不及瘟疫來得可怕，所以他故意露出好奇的樣子：『聽說，瘟疫要用特別盒子裝著，可不可以借我瞧瞧？』

「瘟神不疑有他，從口袋裡拿出一個精緻的小盒子。

「池王說道：『想不到一個小小的盒子，威力竟然這麼驚人呀！』才說完，他一口就把那盒子吞下肚去。

「只見盒子一下肚，立刻爆開來，瘟疫在他身體裡到處肆虐，而他緊閉著嘴巴，強忍著痛苦，就變成現在我們看到的這副模樣了！」

「看來，他眞的做到護國佑民了。」

「是啊！如果公學校的那個日本老師，今天也來聽六叔公的故事，就知道我們不是亂拜了。」

六叔公點點頭，肯定的說：

「當然，我們也不可以存著僥倖的心，以爲已經到廟裡燒香、拜拜了，廟裡的神明應該要照顧我，因而做些傷天害理、侵占別人國家的事情，那可就大錯特錯了。要知道，做壞事，人間的法律尚且不允許，何況還假藉神明的名義，明目張膽的做，那就更不可原諒了，到時候，到地獄去算總帳時，才知道什麼叫『惡有惡報』哇！所以，你們這些年輕人，要明辨是非，可別走錯路了。」

文欽和阿清，雖不是很懂六叔公後面的這一番話，不過，幸好日子還長得很，他們決定以後有空時，要多到廟裡來走走，聽聽六叔公說些人生的大道理。

三山國王廟

客家人是吃苦耐勞的族群，在移民過程中吃了許多的苦頭，但是他們所信仰的三山國王，給了他們很大的安慰，因此現今客家人居住的附近，都可看到三山國王廟。

•三山國王是潮州人的鄉土神。三山是指廣東省揭陽縣霖田都與黃坑上社相接的巾山、明山、獨山三座山的鎮守神。相傳，三山國王的大國王連傑、二國王趙軒、三國王喬俊，皆是允文允武的人物，南北朝時幫助楊堅建立隋朝，被封爲開國駕前大將軍，逝世後，被隋恭帝封爲三大元帥。曾顯靈，因此連傑被封鎮守巾山，爲威德報國王。趙軒鎮守明山，爲明肅寧國王。喬俊鎮守獨山，爲弘應豐國王。

阿猴的山區，幾間簡陋的草屋，交錯的排列在山坡上。雖已經入夜，天空仍藍得發亮，像一塊藍絲緞，閃著點點的星光。

突出的平台，蹲著幾個人，閒散的聊著。阿仁叔開了話題：

「黃曆上說，昨天已經霜降了，可是我看這兒，一點兒也沒有霜降的意思，白天還熱得嚇人哪！」

阿善伯附和：

「是啊！台灣的天氣的確暖和，難怪稻子可以三熟。」

清河摳著腳指上的泥塊，沒好氣的說：

「三熟有什麼用，又不能運回去給家鄉妻兒吃。」

「誰知道這種事！」阿仁叔也有怨氣：

「大家都說，台灣錢淹腳目，好像錢隨處可以撿到似的。而我們爲了讓家人有好日子過，冒著違犯禁令的危險，偷渡出來，又差點兒淹死在黑水溝裡；千辛萬苦到了這裡，才知道，全不是那麼一回事，沒有努力，是沒有收穫的！」

其他幾個人也七嘴八舌的說出自己的經驗：

「嚇！爲了湊足那張偷渡的船票，把我老婆的鐲子都拿去當了。」

「哼！你算好的，我賣了一塊地，好不容易才湊足錢。現在我人在這兒，心卻留在老家，擔心老的小的不知道怎麼過活呢！」

「不過，說起來我們還算是幸運的。跟我同船的幾個人，受不了海上的風浪，病死了，屍體就往海裡一丟，那才教妻子、兒女不知道該怎麼辦咧！」

說到這裡，大家不禁唉聲嘆氣起來。這時，清河停

•阿猴是指現今的屏東。

•清廷於康熙四十一年（西元一七〇二年），開始實施禁止無照偷渡的政策，直到一八七五年才解禁。其中，一七〇二年至一七三一年，一七四一至一七四四年，一七四九年至一七五九年，一七六一年至一七八八年等期間，更禁止赴台的男子攜帶眷屬。

下搵腳指的動作，手飛快的抹一下臉，然後仰頭看向天空，悲淒的說：

「如果，這兒也有家鄉的三山國王廟，我一定要去祈求祂們，求祂們保佑家鄉的父母親和妻子、小孩，也保佑我，讓我在這裡賺大錢，改天可以讓他們過好日子！」

他這麼一說，大家全安靜下來了，只聽到擤鼻涕、咳嗽的聲音，此起彼落的響了起來。一會兒後，阿善伯啞著嗓子，開口：

「我知道大家都很想家，也擔心家裡的妻小。這兒，我有個好消息要告訴大家，也許會讓大家好過一點。

「你們都知道，我做長工的主人家，和官府很有來往。今天，聽到他們說，從台灣府傳來的消息，朝廷已經取消禁令，也就是說，只要有領到台灣拓墾的照票，就不必偷渡，可以光明正大的坐船來台灣了。因此，以後會有越來越多的人來台灣落腳，既然如此，我們當然要把我們的保護神——三山國王迎到此地供奉。」

所有人一聽，趕緊用手抹抹臉，露出高興的表情。但是，阿仁叔卻說出他的擔心：

「雖說開放來台灣了，但是只有單身漢能來呀！我們的家眷並不能來，可見官方還管得很嚴。既然如此，要往返潮州一定也很不容易，會不會……不讓我們迎請？」

清河也插嘴：

「如果到時候是更多的限制呢？或者說，又恢復禁令了，怎麼辦？」

其他的人點頭同意，七嘴八舌的說出自己的意見：

•清廷原設海禁，後開放。但兩岸仍不得自由往來，須領有照票者始可前往。

•唐代大文學家韓愈任潮州刺史時，曾因大雨不斷，造成災害，去祈求三山國王，天氣因而轉晴，潮州人因此非常相信三山國王。此外，相傳宋朝文天祥等忠臣，擁護宋端宗在福州即位，但元軍隨即緊追而來，朝臣張世傑護送端宗避到潮州，遇到大河，無法通過，追兵在後，無計可想時，忽然看見對岸的三座山上，出現大批軍隊來相助，元軍立刻退走，端宗才脫困。後來上山

（接下頁）

「是啊！是啊！不能不考慮這一點。」

「自從清廷入主中國以後，對於台灣的態度一直遲疑不決，到時候如果又變卦，誰也料不準！」

「我離開家鄉時，我阿爹也一直怨嘆，不能請保護神在身旁，眞是一大遺憾！」

「是啊！我阿母眞希望偸藏一尊三山國王在我的包袱裡，實在是怕不恭敬！」

「各位！」阿善伯出聲制止了大家：

「不是我多吃了幾年飯，長大家幾歲，就在這兒倚老賣老。但是，就我所知，台灣雖然小，卻是四季如春、物產豐富的好地方。難怪施琅大將軍要力勸康熙帝，將台灣納入朝廷的版圖。我現在老了，知道腳踏實地很重要，台灣是我覺得腳踏實地最好的地方。所以趁早把三山國王迎請過來，大家的心也才能定下來，爲我

們的子孫開創更美好的將來。」

阿善伯的這番話，說得大家充滿希望，覺得滿天的星星都發出異樣的光采，連風都溫暖起來了。他們打從心裡相信，只要再過幾天，三山國王廟就會建在這山坡上，他們的父母、妻子、兒女會一起陪著他們，到廟裡酬謝，因爲苦難已經過去，平安即將到來！

（接上頁）

並無軍旅的蹤影，知道是山神相助，於是敕封這三座山神爲三山國王。

經過流傳，三山國王逐漸發展爲粵東一帶客家人的主要信仰，隨著客家人來台漸多，因此也被迎請過來，在桃園、苗栗、彰化、高雄、屏東等地，均建有三山國王廟。

新埔義民廟

新埔義民廟每年所舉辦的中元普度，熱鬧非常，大約會有二十萬以上的人來參加此一盛會。為什麼會有如此的盛況，其背後有一段客家人保衛鄉土的感人事跡……。

•新埔義民廟又稱枋寮義民廟，每年農曆七月十五日的中元祭，有盛大的祭典及大豬公比賽，參拜者達數萬人之多。

義民爺是台灣客家人特有的信仰，客家聚落多有義民廟。根據西元一九八一年的調查，共有三十座之多。

•竹塹即現今的新竹。

竹塹的風一向很強勁。而乾隆五十一年（西元一七八七年）冬天的風，更是冷冽。

陳紫雲坐在新埔的家中，聽著呼呼的北風，颳著屋頂嘩啦嘩啦作響，心裡更是七上八下的擔心不已。

果眞，不到一個時辰，派去打探消息的阿生，氣喘噓噓的回來報告：

「不得了啦！紫雲伯，林爽文的軍隊不僅攻占彰化城，大軍正往咱們竹塹開過來了。」

陳紫雲反問：

「情況有多嚴重？」

「聽說，台灣知府、海防同知等文武官員都已經被殺了。大路上，滿是往北退的官兵和逃難的老弱婦孺，每個人都灰頭土臉、驚惶失措的模樣。」

陳紫雲腦中浮起一片淒慘的景象：一個穿著單薄衣

•林爽文為彰化人，是復興天地會的成員。因諸羅知縣藉端向天地會勒賄，引起斗六門之變，又集結大軍準備圍勦天地會，林爽文乘機鼓動鄉民，舉兵攻占大墩，殺彰化知縣、台灣知府，他因而被推為盟主，建號順天。另南部莊大田附和，破鳳山城，稱輔國大元帥，與林爽文相呼應。但是因為泉州人、客家人不配合，清廷又派出大軍，以縛兔之力

（接下頁）

服的母親，頂著寒風，腳步艱難的往前走，她的懷裡，有一個哭得嗓子都啞了的娃娃，腳旁還有一個餓得只剩下一把骨頭的小孩，一路上，他們所見的，不是和他們一樣逃難的人，就是倒在路邊的死屍，而可以停下來歇腳的地方不知道在哪裡？……陳紫雲甩甩頭，沈痛的告訴自己：我可不能讓我的庄民落入這樣的處境！

這時，庄裡其他的人都來了，圍著阿生問東問西。

陳紫雲要大家坐定，解釋了一下情況，開始徵詢大家的意見：

「新埔是咱們大家的，大家可得做個決定，要守？還是要退？」

年輕氣盛的正傑首先站起來：

「我主張要守，並且反攻回去！林爽文是什麼人？好好的日子不過，起來造反，害得我們也沒好日子過！」

（接上頁）

來對付此事變，終於事敗被捕。林爽文事變，前後一年有餘，讓台灣人民飽受其苦，也讓清廷開始思考，應該好好的治理台灣。

•朱一貴原爲養鴨人家，因不堪清廷官府的暴政，自稱明朝王室後裔，糾眾起事，一時震驚整個台灣，他自號爲「中興王」，建國號大明，年號永和。

一向敦厚的三叔公卻不這麼認爲：

「我聽說，林爽文是天地會的成員。今天所以要起來反抗，是因爲朝廷派大軍圍勦彰化大墩，要求擒拿林爽文與會黨逃犯，聲稱如果敢違抗不從，將焚燬村莊，他們忍無可忍，才舉兵的。我想，我們客家人和天地會沒有關係，戰火應該不會漫延到我們這兒才對。」

「情況可能沒有三叔公想的那麼樂觀。」曾經在鹿港當過長工的夏叔，開口說：

「這天地會由來已久，聽說鄭成功時代就有了，打著是反清復明的口號，許多漳州人都加入這個組織，爲的是可以互相幫助。我在鹿港的時候，常常可以看到，漳州和泉州人起紛爭時，漳州人一下子就可以叫來一幫人，把泉州人修理得趴在地上動彈不得，當然，泉州人也不會善罷甘休，總會找機會報復。而今天，林爽文舉兵，泉州人一定會趁此機會反擊，只是情況發展會如何，現在我不敢說。」

陳紫雲也不得不插嘴：

「夏叔說的事，以前我也聽聞過。另外，今天早上我在猫里的表叔，帶著一家人逃到我家，因爲林爽文的徒衆，全是烏合之衆，所經之處，雖不至於燒殺擄掠，但是卻沒有軍紀管理。所以我擔心，他們經過我們這裡時，難保不會發生事情。」

陳紫雲的一番話，說得大家心都沈重了起來，正傑更是咬牙切齒，恨不得一馬當先前去殺敵。不過經過反覆的討論，大家決議：

「爲了保護家園，應該援助官軍！」

於是，大家開始分頭去做事情：夏叔往南走，通知猫里社寮岡、員林仔小埔心的客家人，成立民軍，好援

•猫里即現今的苗栗。

•福康安是乾隆皇帝最信任的協辦大學士，原爲陝甘總督，因林爽文事件，被任命爲欽差大臣，專辦此一事變。

助清軍；正傑、阿生和一批年輕人，組成斥候，刺探敵情，隨時報告最新的狀況；陳紫雲、三叔公則組織、訓練村裡的人，等待最適當的機會。

前幾個月，林爽文的部隊所向無敵，官兵節節敗退。但是第二年的九月，乾隆皇帝改派福康安爲欽差大臣，帶領大軍自鹿港登陸，林爽文的部隊開始嘗到敗績，加上鹿港的泉州人支持清軍，林爽文只有往南逃。

等在竹塹的陳紫雲的民兵，聽到消息，立刻展開反擊，不僅收回竹塹城，還乘勝往南推進，會合猫里、員林仔的民兵，追打林爽文的部隊。

雖說是勝利的隊伍，兩軍交戰時，仍是死傷慘重。當牛車總共收了兩百多具民兵的屍體，往竹塹的家鄉運送時，走到新埔枋寮，牛車竟不走了。趕車的阿生，噙著眼淚，拿起細竹子，鞭打牛，嘴裡罵道：

「想偷懶哪！還不快走！」

細細的竹子在牛皮上留下一條一條的血痕，牛也因爲疼痛，哞哞的哀叫起來，並且一副奮力要往前走的樣子，可是卻半步也前進不了。阿生更生氣了，舉起竹子，正要再打下去，三叔公的手抓住了他：

「我看，不是牛不走，是所有死者的意思，他們想要葬在此地呀！」

於是，大家停下，築了一座大塚，將所有在此次戰役中犧牲的客家人，合葬在一起，取名爲義民塚。

乾隆五十三年（西元一七八八年），大家又在塚前建一義民廟，乾隆皇帝特別詔書「義勇」嘉勉，又頒「懷忠」來慰勞，後來又賜他親筆寫的「褒忠」匾額一方，所以義民廟又稱爲褒忠廟義民亭。

義民塚

開漳聖王

開漳聖王是漳州人奉祀的鄉土神，也是漳州陳姓的始祖。隨著陳姓家族的移民，開漳聖王也移到台灣，成為移民開山抗番的守護神。本篇是舉桃園景福宮為例。

小光掀開門簾，探頭進來：

「阿公，你好了沒？我們都坐好了，就等你來說故事啦！」

阿公抓起桌上的蒲扇，嘴裡應道：

「來了！來了！」

他跨過門檻，一眼看到曬穀場上坐了一圈小孩，嘰嘰喳喳的講著話。這些孩子，全是他們陳家的新生代，分住在曬穀場旁的東、西廂房裡。

孩子們瞧見阿公出現，全都嚷了起來：

「阿公，你好慢喔！」

「伯公，我們等好久了。」

「伯公，今天你要跟我們說什麼故事？」

小光的聲音最大：

「阿公，上一次你說，今天要說『開漳聖王』的故

•開漳聖王原名陳元光，唐朝河南光州人，是漳州人奉祀的鄉土神。唐高宗總章二年（西元六六九年），泉、潮、汀地區的居民飽受蠻獠之苦，高宗命陳政（陳元光之父）帶軍鎮駐，陳元光隨之前往。不久，陳政死，陳元光繼續帶領大家，並在該地開闢荒原，招流民，互相守望相助，一時泉、潮、汀州方圓數千里內稱爲樂土。後來，朝廷增設漳州，命陳元光任州事。在景雲二年（西

（接下頁）

（接上頁）
元七一一年），陳元光在討伐蠻寇時受傷而死，漳州百姓感念他，建廟祭祀。開元四年（西元七一六年），朝廷下詔立廟，建盛德祀之坊表揚，並賜樂器和祭器。後代累稱爲威惠聖王、陳聖王、陳府將軍等，而漳州的陳姓將他奉爲始祖。

•桃仔園卽現今的桃園。

事。」

阿公搖著蒲扇，慢慢坐到小板凳上：

「我沒忘。上一次，我們說完觀音佛祖的故事時，我是先預告了，說這一次，我們要說開漳聖王的故事。有人知道開漳聖王是誰嗎？」

「我知道！我知道！」年齡最小的阿元搶著回答：「是我們廳堂裡拜拜的神明。」

小光不服輸的大嗓門跟著響了起來：

「還有我們桃仔園裡的廟啊！供的也是開漳聖王。」

「很好！很好！你們都知道。」阿公的蒲扇輕輕的拍拍小光的頭，示意他安靜，繼續問：「你們知道開漳聖王的故事嗎？」

這會兒就沒有人知道了，大家你看我，我看你，誰也答不出來。

阿公看大家安靜下來，搖搖蒲扇，開始說：

「唐朝的時候，泉州、潮州地方，有蠻人作亂，害得老百姓不能好好的生活。於是，朝廷就派了一位叫陳政的大將軍，帶領軍隊，到福建來鎮守，不讓蠻人隨便出來。沒多久，陳政死了，他的兒子陳元光……」

阿公正說著，小孩子們卻騷動起來，指著小光，小聲的說著：

「他也叫阿光耶！」

「和你的名字一樣！」

小光氣嘟嘟的瞪他們一眼，正要作勢打回去，阿公的聲音響了起來：

「這陳元光很厲害，不僅平定了蠻人作亂，並且建立了一種守望相助的制度，讓大夥兒有家可以住，有田地可以耕種，因此泉、潮、汀州的老百姓都非常感激他。這件事情，連皇帝都知道了，封他做管理這三個地方的官。他死後，地方人士爲了紀念他，特別建了一座廟來祭祀他，尊他爲開漳聖王。皇帝也下詔，建盛德祀之坊，用朝廷賜的祭器、樂器來祭祀他。」

說到這裡，阿公停下來，看看大家。只見孩子們一個個聽得嘴巴張開來，一副入迷的樣子。只有小光眨眨眼睛，開口又問：

「阿公，這個陳元光成了開漳聖王後，有沒有什麼了不起的地方？」說完這些，他發現自己好像說錯了，抓抓頭，支支吾吾的想補充：

「我是說……上一次，你說觀音佛祖是千處祈求千處應，還會變化成爲老人、小孩、男人、姑娘來救人。那……開漳聖王會不會呀？」

阿公點點頭：

「我知道你的意思。本來，大家祭祀陳元光，是因爲感念他的功勞。因此，我們陳姓的家族，也把他奉爲始祖。主要是緬懷祖先開闢漳、泉的辛苦，愼終追遠的意思。

「不過，你們的曾祖父，也就是我的父親，從漳州移民到台灣的桃仔園後，除了在開墾土地時，得到開漳聖王的護佑外，祂還顯過兩次靈異，讓大家覺得，祂眞的是我們的保護神呢！」

孩子們一聽全叫嚷了起來：

「眞的？」

「阿公，趕快說，趕快說！」

「伯公，你應該先說這個的，這個才好聽！」

阿公再度搖起手中的蒲扇：

「話說，曾祖父他們剛剛來到這桃仔園的地方時，看到這裡桃花開得很豔麗，所才將這裡取名爲桃仔園。可是，這裡桃花雖美，卻因爲天氣熱、溼氣重，造成瘟疫流行，醫生都沒有辦法，因而死了很多人。曾祖父他們只好祈求咱們漳州的守護神——開漳聖王，求祂帶大家度過這個難關。沒想到，一陣子後，瘟疫竟慢慢消失不見了。大家知道，這之中，除了醫生的努力外，一定有開漳聖王的保佑，大家才能死裡逃生。於是，有錢的出錢，有力的出力，建了一座景福宮，奉祀開漳聖王。」

「原來景福宮是這樣來的！」

阿元稚氣的聲音響了起來。阿公微笑的看看他，接著又說：

「另外一件事情，是前幾年才發生的。」

大家很訝異：

「啊？前幾年？」

「我們生出來了沒有？」

「我敢說，阿元一定還沒生出來！」

大家又圍著阿元取笑起來。阿公卻兀自算著：

「今年是咸豐十年，那一年是咸豐七年，也就是三年前。阿元！你今年幾歲？」

阿元瞪著大家回答：「我今年四歲！」

「喔！我知道，那一年你還在媽媽懷裡吃奶！」

聽阿公這麼一說，所有的小孩都哄堂大笑起來，還不時用眼睛瞟瞟阿元，阿元的眼眶立刻紅了起來。阿公趕緊開口說：

「你們不知道，那一年好苦！不僅阿元這種吃奶的娃娃苦，你們這些一、兩歲剛會走路的更苦！怎麼說呢？

「沒水！鬧旱災了！大家沒水可以喝，土地都熱裂了口，桃樹早就渴死了。大家天天望著天空，希望老天爺早點兒下雨，但是，天天焰陽高照。後來，官員想到一個好辦法。」

聽到有好辦法，孩子們都瞪大眼睛，身體不自主的往前傾。

「同知大人齋戒三天後，沐浴、焚香親自到景福宮，祈求開漳聖王下雨。應該是官員和大家的誠心感動了上蒼，果真大雨就來了。」

哇！孩子們都拍手喝起釆來。小光的大嗓門更是迫不及待：

「阿公，然後呢？」

阿公用蒲扇敲敲他的頭：

•當時全台僅設台灣縣、鳳山縣、諸羅縣、彰化縣、宜蘭縣、淡水府、澎湖廳等。大甲溪以北屬淡水廳管轄，其首長簡稱「同知」。

「然後就是，以後你們拜拜的時候，要誠心一點！好啦，現在大家把小板凳搬回去，開始去掃廳堂，別忘了，神桌底下要掃乾淨。」

望著小光一手提著板凳，一手摟著阿元離開曬穀場的身影。阿公提醒自己，改天到景福宮舉行陳氏家族祭典時，記得把這幾個小傢伙帶去，讓他們見識見識！

•桃園景福宮俗稱桃園大廟，供奉漳籍移民的守護神「開漳聖王」。每年的桃園大拜拜，就在此地舉行，香客由各地蜂擁而至，可謂盛況。該廟於清嘉慶十八年（西元一八一〇年）建成，經過咸豐十年、民國十二年，及民國五十年數次的整修增建，才有現在的規模。

馬偕醫生的神明

自從「福爾摩沙」的美名遠播之後，歐洲列強不僅希望得到這塊物產豐盛的土地，更希望他們的文明能根植這個地方。因此一批又一批的傳教士不畏艱苦的前來，也帶來許多的衝擊……。

•馬偕全名爲喬治•萊斯黎（George Leslie Mackay），西元一八四四年誕生於加拿大。一八七二年抵滬尾，開始傳教，娶台灣人張聰明女士爲妻，育有二女。

馬偕除了傳教外，拔牙技術在當時也很有名，傳說，他

（接下頁）

廟前的廣場排了一條長龍，長龍裡的每一個人不是捂著臉頰、就是揪著下巴，一副痛苦的模樣。

排在長龍尾巴的兩個人，正文和阿耀，痛苦的模樣好像輕一點。他們倆蹲在地上，不住的聊著。

正文伸長脖子，看看隊伍的前頭：

「阿耀，那個大鬍子外國人眞的那麼神奇呀？」

「是啊！我的阿嬤、二伯父、小外甥、隔壁的春嫂、巷子口的善叔，全給他看過了，都說他拔牙的技術，在我們滬尾這地方，找不到第二位了。」阿耀連連點頭，然後壓低聲音：「而且，他還會送你書。書裡有一個人，手腳被釘在一個叫『十字架』的木頭上面，只有屁股上圍著一塊布，說是他們的神明，叫做耶穌基督。」

正文也壓低聲音：

（接上頁）
爲台灣人拔過兩萬一千顆以上的牙齒。同時，他對付瘧疾和腿膿也很有辦法。不過，聽說許多人裝病給他看，爲的是要得到那個裝藥水的玻璃瓶。

此外，他還推廣蘿蔔、番茄、花椰菜、高麗菜、四季豆、胡蘿蔔、西洋芹菜等蔬菜的種植。

「那張圖我也看過，說起來，他們的神明眞可憐，竟然連件像樣的衣服也沒有。」

「不過，有一天的傍晚，我湊在小孩堆裡，聽他說他的神明的故事，還滿好聽的。只是，他說，我們的神明不是眞的，只有他的神明才是眞的，讓我很不服氣！」

「聽說，他叫馬偕？」

「大家叫他馬偕醫生，他有個外國名字，要捲起舌頭來念，誰也不會念！」

正說著，隊伍移動了，他們跟著往前移，話題繼續著。

「他們這種外國人，聽說叫做傳教士，幫我們看病、拔牙，是希望我們信他們的神明。」

「嗯！說起來，他們比那些做生意的外國人好多了，看病、給藥都不拿錢。阿善伯一直誇他，說他不僅很會拔牙，對付瘧疾也很有辦法！」

「你知道的，最近才搬到巷子尾的那個阿泉伯，他說，以前他們住在南部時，那裡也有許多傳教士，有一個叫甘爲霖，另一個叫巴克禮，都是外國人，也是做這些事，幫助盲人，教人讀書，而且每天都笑咪咪的。」

「我聽說，他們剛來的時候，咱們台灣人都不喜歡他們，因爲以前紅毛鬼在這裡的時候，也不討人喜歡呀！所以，大家對他們丟石頭，吐口水，放狗咬他們……，沒想到他們都忍下來了！」

「是不是他們的神明眞的很了不起啊？」

「這……我是不知道，只要他能把我的牙痛治好就好了。」

正文雖然和阿耀聊著，眼睛卻不時的瞟看離去的

• 甘爲霖(William Campbell)於西元一八四一年出生於英國，一八七一年奉英國基督教長老教會的命令，到台灣傳教。一八八三年，甘爲霖開始關心台灣盲人的教育問題，下定決心，要爲這群失去光明的人服務，因而發明台語點字(即台語的瞽者文字)符號，改良並自製點字印刷機，使台南地區的盲人受惠很多。他曾在台南開設台灣唯一、也是第一所盲人學校「訓瞽堂」。

人，他發現，有的人離開的時候，手裡有玻璃瓶，有些人卻沒有。原來，馬偕醫生不是每一個人都給瓶子。正文不禁在心裡猜起來：要牙痛到什麼程度，才會有瓶子？

不一會兒，輪到阿耀了。他的手指著最裡面的臼齒，口齒不清的說：

「這一顆，好痛！」

滿臉鬍子的馬偕醫生，仔細的檢查，用熟練的台語說：

「沒蛀，只是被東西塞住了，我把它挖起來，就不痛了！」

最後，馬偕醫生遞給阿耀一瓶藥水，叮嚀：

「吃完飯後，用這個藥水漱漱口。喔！還有，歡迎你來聽福音。」

•巴克禮（Thomas Barclay）於西元一八七四年由英國抵達中國廈門。他先在廈門停留一年，適應中國的環境與習俗。第二年的六月五日，正式在台灣的打狗（即現今的高雄）上岸。他主張以羅馬拼音的台語，來教育台灣的信衆，希望能讓他們自行研讀聖經。爲了印行羅馬拼音聖經，他特別在一八八一年返回英國，學習檢字和排版。一八八四年五月二十四日，巴克禮牧師引進台灣第一架新式印刷機。

看完阿耀，就輪到正文了，他坐在椅子上，看到馬偕醫生滿臉笑容的望著他，藍藍的眼睛好像可以看透他的心思，他突然覺得心虛起來，囁囁嚅嚅的說：

「我……我不是眞……的牙齒痛，只是……喝涼水的時候，牙齒會酸酸的。」

馬偕醫生語氣慈祥：

「沒關係，嘴巴打開來，我看看……」

馬偕醫生用一根小棍子，輕輕的敲打每一顆牙齒後，滿意的點點頭：

「不嚴重，沒蛀得很厲害。這瓶藥水帶回去，吃完飯後漱漱口。你看起來很聰明，要不要到教會來讀書、聽福音?可以知道許多事情喔！」

正文紅著臉，點點頭，含糊的回答：

「我要回去問我阿爸。」

•早在明天啓四年（西元一六二四年），荷蘭人就利用基督教義來教化平埔族人，並由南往北推廣。稍後，一六二六年西班牙人占領台灣北部地區，也極力推廣天主教的思想。其中，鄭成功來台，驅逐荷蘭人，並且禁教，使得兩教派的活動不得不沈寂下來。咸豐八年（一八五八），台灣開放通商，外國人得以來台經商、傳教。西班牙、英國和加拿大等國的宣教士才又陸續來台，

（接下頁）

（接上頁）

其中以甘爲霖牧師及馬偕牧師最爲有名。

開放教禁後，各教派在台灣都卯足全力的佈教，卽使是同一教派也相互競爭。西元一八六五年在一張由英國出版的「基督教長老會台灣教區圖」上，就特別標明：加拿大長老教會的活動範圍在台灣北部；英國長老教會則在中、南部傳教。也因此，長老教會至今仍是台灣基督教的第一大教派。

然後，抓起玻璃瓶，一溜煙的跑走了。他跑過廣場，彎過巷子口，東張西望了一陣，確定馬偕醫生不會看到他了，趕緊將瓶塞拔開來，把裡面的藥水通通倒進路旁的水溝裡。他正倒著，後面響起一個聲音：

「原來，你是來要瓶子的！」

正文嚇了一跳，把瓶子藏在身後，轉過來一看，氣得大叫起來：

「阿耀！你想嚇死我呀！」

阿耀搖搖自己手上的空瓶子，嘻皮笑臉的說：

「我阿嬤已經要到三個了，今天改換我來要。」

「原來，你的牙痛是假裝的。」

「你的看來也不像是眞的。不過，這些都不重要，我想問你的是，你想不想去聽福音？」

正文往家裡走：

• 一八八二年，馬偕設立了「理學大書院」（Oxford College）。台灣第一所女子學校「淡水女學堂」（Girl's School），於一八八四年設立，對台灣的教育有很大的貢獻。

一九〇一年，馬偕逝世。一九一二年，位於台北市的「馬偕紀念醫院」落成。一九七〇年，淡水設置馬偕分院，同時又創辦馬偕高級護理學校。

「不知道！最近田裡很忙，而且要問我阿爸……」

阿耀的手搭在正文的肩膀，慫恿著：

「不必最近去，改天，比較有空的時候，你來找我，我們去看看，看看就好了。」

正文有點兒心動，他想，他一定會找一天，去了解了解馬偕醫生的神明。

抽籤、擲筊

因為神明是木雕、泥塑或金屬鑄成，對人們的祈求無法有明顯的指示，所以抽籤、擲筊就變成人、神溝通的一種方式。有時候，還需另外的人再做解釋，以求心安或圓滿。

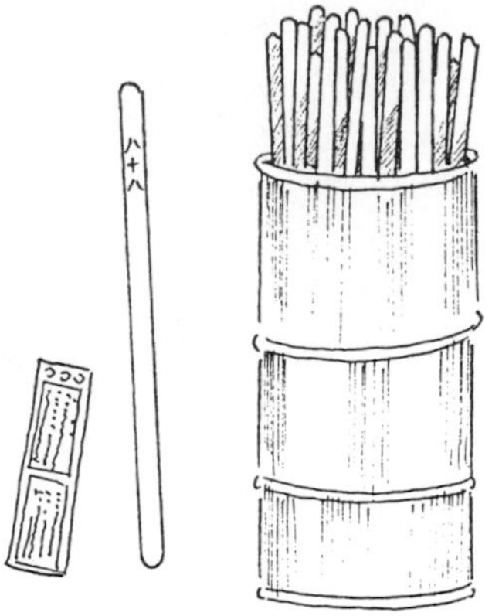

‧籤——以長竹片削製而成，上面或用毛筆寫或刻有號碼，置於籤筒中備信衆抽用。

依照阿源的經驗，在廟裡玩捉迷藏，最佳的躲藏地點就是解籤詞的地方，那兒永遠有一堆大人，不是問婚姻，就是問功名、問災厄、問生意、問訴訟……，好像神明不給他們一點解釋，他們就不會心安似的。而阿源混在裡面，「鬼」一定找不到。只是今天，阿源豎尖耳朵聽得入迷了，忘了他正在玩捉迷藏。

拿著籤條的老阿嬤，一逕兒的說著：

「我的孫子，二十五歲了，今年該娶媳婦了，你幫我看看，今年娶得成嗎？」

解籤的人把籤條接過去，老阿嬤還說個不停：

「嚇！這支籤眞難求哇！我問神明，我今天來問婚姻的事，恰不恰當？祂給我一個『聖』杯，表示恰當囉！我又問，我要求籤條嗎？祂又給我一個『聖』杯，表示可以。但是等我抽完籤，問祂是不是這支籤，祂不

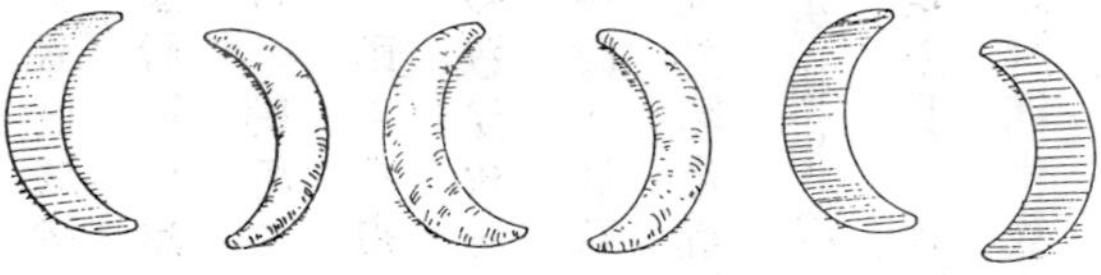

•筊——一組有二片，一面平整，代表陽，一面橢圓形，代表陰。

是給我『笑』杯，就是『哭』杯，總共抽了三十支，哎喲！擲得我手都酸了，祂才再給我『聖』杯。所以，你要好好的幫我解釋解釋，因爲實在太難求了。」

老阿嬤說得口沫橫飛，看得阿源目不轉睛，沒想到老阿嬤看起來頭髮都白了，說起話來，聲音還很洪亮呢！但是站在她身旁的年輕人卻露出一副害羞的樣子，頭低低的垂在胸前，好像怕人看到他的臉。

這時，解籤的人咳嗽了兩聲，阿源趕緊把眼睛轉回他身上，只見他一副胸有成竹的說：

「這是支上好的籤。」

「眞的！」老阿嬤高興的拍拍年輕人的肩膀。

「籤是這樣寫的：

日出便見風雲散

光明清靜照世間

一向前途通大道
萬事清吉保平安」

老阿嬤心急的插起嘴：

「這哪有說到婚姻?我沒聽到可不可以結婚這些字呀？」

「阿婆，你別急，聽我解釋。」解籤的人安慰她：

「這籤是說，風調雨順，金城湯池，財源鞏固，客路雍熙，應試如意，結婚齊眉，首簽既得，事事咸宜。這是上上籤，最好的，萬事皆宜。」

這會兒，老阿嬤眉開眼笑了，一再向解籤的人道謝後，拉著他的孫子離開，雖然她的人已經不在桌旁，聲音卻還隨著風飄過來：

「我就說嘛！神明怎麼會給我們不好的籤。而且，你看，今年結婚最好，回去可以開始相親了。」

• 擲筊是人、神溝通的一種儀式。祈求的人須準備牲禮、線香、金紙、鮮花。點香拜拜，再斟酒過三次，才可以進行祈求。先要稟明求何事，希望神明出籤指點迷津，再擲筊。擲時，將筊片放在掌上，兩手平舉過頭，放掌，讓筊跌至地上。若兩筊呈一陰一陽，表示聖杯，即神同意或允諾信徒祈求之事。若二者皆呈陽，稱笑杯，表沒有意見。若二筊皆呈陰，則是神明生氣或不理會信徒的要求。

阿源轉頭看著他們的背影，那年輕人的頭還是垂得老低。阿源猜，他的臉一定像紅布那麼紅！

正猜著，一個女人的聲音響了起來，阿源趕緊轉回來，是一個媽媽帶著高中模樣的兒子。媽媽小聲的說：

「拜託幫我們解釋一下，我兒子今年要考大學，不曉得可不可以考得上？」

解籤的人伸出手，接過籤條，念了起來：

「五十功名心已灰

那知富貴逼人來

更行好事存分寸

壽比岡陵位鼎臺

算是好籤啦！」

媽媽一副不好意思的問：

「好像跟考試沒什麼關係？」

•籤詩是以紙張印製，編印號碼，與籤相應。有人會說，籤詩的內容是扶鸞請神降臨口述，再由鸞生筆錄寫出，好像是神明所述，其實是鸞生經過多日構思撰出，非是神力之故。此外，也有由廟中主事中學養較好者，根據古人的詩句，選其通俗部分，加以編撰而成。

●一般的廟裡，多會安排人爲信衆解釋籤詞，解釋的依據多靠《詩籤解》一書。

解籤的人再看了一遍，回答：

「也不是沒有關係啦！裡面的意思是說：訟即解，名可成，財漸聚，病且甯，孕生子，婚姻平，行人至，事稱情。名可成就是考試沒問題啦！」

其實，解籤的人口氣也不是很肯定，媽媽點頭謝過後，拉著兒子走到廟門。阿源好奇的跟在後面，聽到媽媽小聲的與兒子商量：

「你看怎麼樣？我再去求一支？」

兒子好像有點兒不耐煩：

「媽！不要了！剛剛浪費了好多時間，我不如利用那些時間回家讀書。」

媽媽好像很不放心：

「再求一支，比較心安。」

兒子拉著媽媽往外走：

•求籤是指若連續得到一陰一陽聖杯三次，表示神明同意，就可至放籤詩的籤筒抽籤。抽出後，將此籤置在神案上，再拜一次，向神明敘述此籤的號碼，得再擲一次筊，問神明是否就是此籤。要得到聖杯，才能到籤詩櫃，依號碼取籤。

「是我去考試，又不是神明幫我考試。回家啦！我還有很多功課要複習的。」

阿源望著他們離去的身影，心裡想著：以後，我長大了，我的阿嬤、媽媽會不會也像這些人一樣，到廟裡來求神明，問考試、問結婚的事情呢？

正猜著，阿明從門後面鑽出來，大喊：

「哈！阿源，抓到你了，換你當鬼囉！」

啊！原來，捉迷藏還沒結束。阿源抓抓頭，沒辦法，只好當鬼去了。不過，他覺得當鬼抓人，比在那兒瞎猜會不會考上大學、可不可以結婚容易多了。

現代宗教與生活

社會急速的發達，人類在忙亂之餘，卻覺得內心無比的空虛，因此許多人轉而追求精神的安寧，希望透過老祖宗的東西，或宗教的修為，讓生活更踏實。本篇是舉慈濟功德會為例，坊間除佛、道教，基督教、天主教等也有不少類似的宗教團體。

•禪坐班是指利用禪坐的方法，來修學佛法的一種短期課程。

火車鳴起一聲長笛後，緩緩的開動起來。車廂中大部分的人都已經坐定位了，只有走廊上還有幾位穿藍衣服的人，忙碌的走來走去。

坐在第二十六號位置的人，腿上攤著一本筆記簿，看著那群忙碌的人，偶爾寫上幾筆。坐在她旁邊的另一人，偷偷的打量她許久，忍不住好奇的問：

「請問……你是不是也參加過法鼓山的禪坐班？」

寫字的人露出驚訝的表情：

「是啊！你也參加過嗎？」

「嗯！我是香光組的。你好像是……」

「我是慈雲組的。這麼巧！你也坐慈濟列車去參觀靜思精舍。」

問話的人有點兒不好意思的模樣：

「因爲接觸了佛學，我覺得它是一門高深浩瀚的學

・慈濟功德會由證嚴法師在花蓮創辦，早期以救濟貧苦民衆爲主。近年來，不僅以佛法接引衆生，也籌建醫院、醫學院及護理學校，以幫助花東地區的民衆。證嚴法師對弟子開示的《靜思語》，被國內許多中小學老師運用在教學上，以啓發學生的善念。

問。所以，我想多了解這些團體，然後再選擇、決定參加哪個團體，好幫助我的修學。」

被問的人輕笑起來：

「我沒你那麼好學，我是因爲要寫一篇論文，所以參加這些團體，親身體驗一下，並且蒐集資料。」

「其實，剛開始我也是好玩才參加的。喔！我忘了介紹我自己。」問話的人用手輕捂住嘴巴：「我叫王世娟，是小學老師。因爲現在的小孩子很好動，上課不能專心。我聽說，靜坐可以讓人的心定下來，所以我自己先去體驗一下，結果證明，非常有效。」

「我叫林月琴。」林月琴緊追著問：「怎麼有效？」

「每天升旗完後，我和學生一齊靜坐十分鐘。那一整天，大家都較能專心上課，闖禍、鬧事的事件也減少

•法鼓山目前由聖嚴法師擔任導師，主要提倡：提升人的品質，建設人間淨土。有許多相關的機構，所推動的工作，對穩定社會人心有很大的作用。

•佛陀教育基金會主張佛教是佛陀對眾生的教育，而非宗教，默默的從事許多護生、慈善救濟及推廣佛法的工作。

了。」

「哇！真的這麼有效呀！」林月琴睜大眼睛，驚嘆起來。

王世娟點點頭：

「還不止如此，我還教他們讀讀古人的東西，譬如弟子規、朱子治家格言，孩子們也學得興致高昂。」

正說著，一個穿藍色旗袍的師姐走到她們的座位旁，親切的問：

「阿彌陀佛，兩位師姐好嗎？再一個半鐘頭，我們就會到了。」

謝過師姐的關心，王世娟眼睛發亮的說：

「最令我感動的，應該就是這些人吧！想想看，現在的社會有多亂哇！我們時常要叮嚀小朋友，放學回家不要在路上逗留，不要和陌生人說話，大人不在家，有人按門鈴不要隨便開門……，加上媒體每天報導的壞消息，眞不曉得大家該怎麼過生活？幸好還有這麼一批人，不計辛苦的當義工，熱心奉獻，讓我們覺得社會還有一些溫暖。」

林月琴也肯定的點點頭：

「以前，我小的時候，看到外國的神父、修女出來做救濟貧窮、辦孤兒院等慈善事業；而本國的廟宇卻是大拜拜時，出來請大家捐錢。這讓我有一種錯覺，以爲我們的宗教團體只會要錢而不做事。現在長大了，爲了寫論文，參加了一些宗教團體的活動，才知道，他們做的事情可眞多，譬如慈濟功德會、法鼓山、佛陀教育基金會等佛教團體，不僅扶助貧困、救濟災胞，還舉辦各種兒童讀經班、夏令營、成人禪修班、大學生禪修體驗營……，對社會的安定，起了很大的作用。」

「是呀！現代的人藉由參加宗教活動認識新的朋友，並且讓紛亂的心靈有個歸依，彼此互相扶持，享受付出後的歡愉。不管是什麼宗教，只要是正派勸人爲善的，都值得讚許。」

「我的體驗還不止這些。我個人最大的收穫是，原來我們中國老祖宗所遺留下來的東西，博大精深，一輩子也學不完，眞的要認眞學習呀！」

就這樣不停的聊著，她們錯過了美麗的花東海岸，錯過了高聳的中央山脈，但是，她們卻覺得心裡很充實，打從心裡浮起來的喜悅，讓她們笑容滿面。

•台灣地區有許多佛教團體做得有聲有色，且因爲國際交流頻繁，天主、基督各教派及世界各種新興的宗教也大量傳入。根據內政部統計，至民國八十三年（西元一九九四年），在台灣地區登記的佛教寺院有四千零二十所，道教八千二百九十二所，天主教八百一十六所，基督教二千六百八十三所，回教五所，軒轅教二十所，理教一百一十七所，天理教一百二十五所，天德教三所，天帝教六所，共一萬六千二百所。

田頭田尾土地公

台灣人對土地公有一種特別的情懷，除了在祂的生日時祭拜外，農曆的初一、十五也會準備祭品祭拜，一般視土地公為保境安民、賜福賜財的神明。

「爸爸！」田生一手提著銀紙一手提著掃把，跟在爸爸的後面，一腳高一腳低的走在田埂上，問道：

「爲什麼阿公的墓是在水田邊？」

爸爸低頭看路，一邊提醒著：

「小心！旁邊的土很軟。因爲阿公以前就交代過，他死後要葬在自己的土地旁。」

田生跳過那灘軟泥，嘴裡繼續問：

「我們老師說，人死了最好用火化，又乾淨，又衛生。」

爸爸把左手的水果、鮮花，換到右手，抬起頭，飛快的看一下前方：

「阿公是先火化了，只有骨灰埋在這個地方。」

田生也跟著看了一下四周，像發現新大陸似的，指著斜前方的一座矮低的小屋子，大嚷起來：

•古代稱土地公爲社神或土神。因管理區域的大小，而有不同的名稱，管理一省的稱爲「都城隍」，管理一府的爲「府城隍」，管理一縣爲「縣城隍」，縣以下的里神則稱爲「土地公」，管理無城郭的市街、鄉鎮，稱爲「境主尊王」，俗稱「境主公」。

境主公，有人又稱爲地基主，認爲他是土地的守護神，與土地公職務相近。但又有人認爲，他是守護寺廟

（接下頁）

（接上頁）
地區的神，與護法神（伽籃）相近。

地基主，有人說他是無後代祭祀的孤魂。又有人說是管理土地之神。又有人主張，是生於當地，死後無人祭祀的孤魂野鬼，以有別於死於他鄉的鬼。不管何種說法，地基主頗爲民衆崇信。生意人在農曆每個月初二、十六，都要祭拜土地公，俗稱作牙或作福。而每年農曆二月初二稱爲頭牙，十二月十六稱爲尾牙。

「爸爸！那是什麼？給誰住的？」

爸爸頭也不回的答道：

「那是小土地公廟。農民認爲祂會保護這附近的土地。」

「咦？」田生回頭看看身後走過的路，不解的問：

「剛剛，我們不是經過一座福德正神廟嗎？那座廟比這座大多了，而且你也說，裡面供的是土地公，怎麼這裡又有土地公了？」

說完話，他轉過來，一頭撞進爸爸的懷裡。爸爸一手扶住他，一手指著身旁樹林裡的一座大墳說：

「哪！看到了沒？阿公的墓在這兒。哎！眞應該常常帶你回鄉下，像你們這種在都市長大的孩子，許多東西都不懂。」

爸爸一腳跨進樹林，指揮著：

•從前有個叫張福德的稅官，很愛護老百姓，要是百姓一時繳不出稅，他一定會寬延幾日。若是窮人家眞的繳不出來，他乾脆就拿自己的錢代繳。而且，他常爲了老百姓的事，東奔西跑，謀求解決的辦法。他死後，接任的稅官，可就沒這副好心腸了，讓老百姓忍不住懷念起他來了。於是有人提議爲他立祠，經過大家的同意，在田野中立了一個小小的祠，尊稱他爲「福德正神」。

「先把東西放下來，一起把墳上的草拔一拔。然後，把地上的土掃一掃。」

被爸爸這麼一說，田生不敢再開口問，把銀紙、掃把往地上一擺，趕緊走到墳旁。爸爸也蹲在墳旁的水泥矮牆上，伸手拔草，並開始解釋起來：

「古代，大家把土地神稱爲社神。春天向社神祈求豐收，秋天向社神答謝，所以這種祭典分別叫做春社、秋社。後來，土地公則被看成是保護平安、賜財賜福的神明。不僅田野裡到處有土地公，連做生意的人，在農曆的初一、十五和土地公生日這天，都要祭拜土地公。因爲土地公太普遍了，所以俗話才會說：田頭田尾土地公。表示土地公普遍受到大家的尊敬。

「好了，好了！沒什麼草，你去掃地吧！」

田生沿著墓前的墓碑、祭台、墓埕往外掃，掃到左

・中國以農立國，與土地的關係十分密切，因此將后土與皇天一起並列祭祀。

側時，發現地上有另一座小房子，裡面有個小神像，留著白色的鬍子，神像前插著三根香腳。他又問了起來：

「這又是誰？為什麼要放在這裡呢？」

爸爸已經拔完草，正把鮮花、水果擺上石台，一邊回答：

「那是后土，也是土地公，是保護阿公墳墓的。」

隨後，田生忙碌的跟爸爸在墓前祭拜，燒紙錢，看煙灰被田野的風吹得四處飛散。最後，爸爸小心翼翼的檢查火堆，確定連一點小火星都沒有了，才跨出樹林，走田埂路回到路旁，坐上車子。

一路上，田生沒再問話，眼睛盯著路旁的田野搜尋，果真看到許多矮小的房子，錯落在田野之間，原來那都是人們為供奉土地公而建的，以前他一直猜不透呢！

•清明節掃墓又稱「培墓」，傳統是在清明節的前後十天內都可以。培墓是將墓碑後的墓土（又稱墓龜）重新整理，以防墓土流失。

就要彎進市區的道路時，沉默了許久的爸爸開口了：

「以後，你要記得，清明節這一天，一定要上阿公的墳祭拜。這是我們中國人的傳統，不可以忘記！」

田生的腦中突然浮起一個景象：他帶著他的小孩，走過田埂路，要去阿公的墳上香。他的小孩吱吱喳喳的問東問西，他很有耐心的回答所有問題……嗯！那種景象好溫馨喔！

想到這裡，田生忍不住噗哧一聲笑了起來。不過，有關土地公的部分，他了解的還不夠，改天，他還得到圖書館，多查一點資料才可以。

宗親會

華人一向認為，同姓的人有共同的祖先，流著相同的血液。因此，以同姓為基礎的宗祠或宗親會，成為台灣社會存在的社會組織。又因為崇奉神明的關係，以某位神明來結合社區居民的神明會，也成為互相幫助的組織。

•宗祠或宗親會此種組織的成立，一定有共同的祖先。而其共同的祖先可分兩種：一種是大陸的遠祖，稱唐山祖；以陳姓爲例，多奉陳元光（唐朝漳州的開拓者）爲唐山祖。林姓則以林泉（商紂時的大臣）爲唐山祖。另一種是開台祖，就是移民台灣的始祖，例如嘉義太保市王氏家廟，奉祀的是康熙年間來台的軍人王奇生。台北市北投區陳氏宗祠，奉祀的是雍正年間來台的陳懷。

（接下頁）

淮生拿著社會課本問媽媽：

「媽！老師說，這一次鄉土教學的報告，要寫族譜。」

「族譜？」媽媽正在洗碗，溼淥淥的手隨便在抹布上抹兩下，接過淮生的課本看了一下，抬起頭來揚聲叫道：

「爸爸！我看這個要你幫忙，他們要找有關宗親會的事情。」

爸爸的頭從報紙後面冒出來：

「宗親會？正好哇！這個星期日管理委員會要開會，討論祭祖的事情，我帶他去看看。」

淮生拿回課本，滑到爸爸的身旁，一屁股坐下來，嘰哩咕嚕的說起來：

「老師要我們查，我們的祖先是大陸的哪一省過來

（接上頁）

宗祠或家廟主要奉祀唐山祖或開台祖。因爲古人建宗祠，不僅是爲了安置神明，同時也是爲了鼓勵子孫以古人爲榜樣的目的，所以不是所有同姓的子孫都可以入宗祠。但是宗親會則廣泛包含同姓，甚至把同姓的歷代賢哲也納入崇祀之中，但不特別奉祀某一個人。

的？什麼時候過來的？叫什麼名字？現在宗族大概有多少人？」

爸爸放下報紙，轉頭看向淮生：

「你要現在寫嗎？不是等去過宗親會再寫？」

媽媽的聲音從廚房傳過來：

「我看，你現在就把所知道的告訴他，如果他有疑問，星期日還可以再查證一次。」

有媽媽幫忙說話，淮生趕緊點點頭。爸爸也乾脆摺起報紙，好整以暇的開始說：

「你知道，你的名字裡爲什麼會用這個『淮』字嗎？」

淮生沒想到爸爸竟然先問問題，只有搖搖頭。

爸爸掏出筆，在報紙的角落一邊寫，一邊解釋：

「原來，我們替你取的是這個『懷』字，有懷念、

•神明會之中，以彰化芬園鄉的天公會組織爲例，有下面的功能：

一、其成員可徹底組織，達到團結鄉民、互相支援、經常演練的成果。

二、藉迎神賽會的活動，既可組織青、壯居民爲舞龍、舞獅的隊伍，以加強居民的體力，又可藉此活動讓各村村民互相認識，並熟悉地形、交通等狀況，達到保鄉衛民、防賊捕盜的功效。

（接下頁）

記取父母辛苦的意思。後來才想起來，這和我們來台的第一代祖先——陳懷同名，是犯忌諱的，所以改成這個字。改後，我倒覺得意義更大了，因爲黃淮一帶是中國的發源地之一，正表示我們都是黃帝的子孫。」

說眞的，淮生以前並不覺得自己的名字有什麼了不起，現在知道了，不自禁的挺了一挺胸膛。

「我們的祖先陳懷，原爲福建泉州府同安縣鶴浦堡雙連埤頭圍仔內人，清康熙三十八年（西元一六九九年）七月出生。」

淮生忍不住插嘴：

「他爲什麼會到台灣來？」

「因爲他的伯父是施琅將軍得力的部屬，參與攻台及尋訪鄭氏家族的工作，敘功論賞時，官拜至廣東副都統。他伯父的兒子，也就是陳懷的堂兄，後來也官任台

（接上頁）

三、可訓練婦孺於短時間內結集起來，供應大量食物給活動的民衆，增強應付天災、人禍、戰爭的能力。

灣水師副將。」

淮生聽得有興趣了，瞪大眼睛：

「所以，他也跟著過來作官？」

爸爸搖搖頭：

「族譜上並沒有記載他是不是來作官？但是卻記載他是雍正十二年（西元一七四四年）三十五歲時，才到台灣來做生意。」

原來不是作官，而是商人，淮生覺得有點兒失望。

這時，媽媽的聲音從廚房傳過來：

「一過來，就住在北投一帶，對不對？」

想不到媽媽也很注意聽。

「以當時的平埔族語來說，北投是女巫的意思。主要是因爲附近還有許多平埔族居住。而爲了和平埔族做生意，陳懷常常往返福建和台灣之間，並且在台灣購置土地，耕種起來。」爸爸繼續補充：

「乾隆三十五年（西元一七七〇年），陳懷逝世，留在臺灣的產業，則由子孫來共同照顧。後來因爲子孫越來越多，已經有好幾百人，要一齊照顧產業，並不容易，於是在日治時期，建立宗祠，並登記爲陳懷祭祀公業。現在，則改稱爲祭祀公業陳懷管理委員會。」

好長的名辭，淮生聽得一頭霧水，忍不住又插嘴：

「這個什麼祭祀公業要做什麼？」

「除了管理產業，主要是輪值祭祀的問題。剛剛我說過，我們華人最重視慎終追遠、祭拜祖先的事了。所以，哪一年由誰祭拜？第二年又是輪到誰？都排出表來，讓所有的子孫都很清楚。」

爸爸的話才說完，媽媽擦著手走過來：

「咦？爸爸，你說的是祭祀公業，不是宗親會啊？

•陳懷祭祀公業所祭祀的對象，除了陳懷與太太外，還祭祀福德正神與池府千歲。因爲福德正神是土地公，是土地生產的保護神，所以耕種土地的人都會奉祀祂。而池府千歲是同安人信仰的神明，陳家祖籍是同安，所以奉祀。

它們之間應該不一樣吧？」

爸爸靜默下來，沈思了一下，慢慢的說：

「是應該不一樣！祭祀公業的宗族性高，結合比較緊密，會透過祭祖，互相聯誼，互相幫助，是大社會中的小社會，我覺得是穩定社會秩序的一股重要力量。宗親會雖然也是以同姓或連宗的方式組成，但是組織較爲鬆散，沒發揮什麼功能。」

聽到這裡，淮生雖然還不是很明白，但是卻一下子不曉得該提什麼問題好，趕緊再翻開課本看一看，立刻又大叫起來：

「喔！對了，還有這裡。什麼是神明會？」

媽媽搶著回答：

「神明會，我知道！小時候，我家住在廟旁，我知道這些事情。

「有的神明會是爲了服務神明而成立的，譬如扛神輿的轎班會，是神明出巡時扛轎的人組成的。有一種是爲了進香而組成的，例如爲了要去北港進香而組成進香團。還有一種，是各行各業因祭祀的守護神所成立的神明會，如製香業祭祀九天玄女娘娘。最後一種是以神明結合社區民衆的力量，以便互相支援的組織，譬如彰化芬園的天公會，就是這樣的組織。」

這時，換爸爸瞪大眼睛，連連驚呼：

「哇！媽媽，想不到你也這麼有研究哇！」

媽媽得意的甩甩頭：

「當然囉！活到老學到老嘛！」

淮生知道，如果讓他們倆繼續這樣對話下去，會沒完沒了，他今天的功課也別想做了，趕緊對爸爸說：

「爸爸，我們就說定了，星期日我們要去北投。」

在跑回房間的同時，淮生覺得，這一次的鄉土教學報告，他一定可以寫得很完整、很豐富，嘴角不禁揚起微笑……。

有應公

中國人俗稱人死後的靈魂為「鬼」，並相信有人奉祀的鬼為「有緣鬼魂」，沒有家人奉祀的為「無緣鬼魂」或「孤魂野鬼」。於是善心人士將這些枯骨集合埋葬，並建小祠廟祭祀，稱為「有應公」，本篇是舉十八王公為例。

•中國人俗稱人死後的靈魂爲「鬼」，並相信有人奉祀的鬼爲「有緣鬼魂」，沒有家人奉祀的爲「無緣鬼魂」或「孤魂野鬼」。這些孤魂野鬼因爲沒有子孫或親屬的奉祀，生活沒有著落，會變成餓鬼，到陽間來索討食物、加害世人，所以又稱爲厲鬼。

清朝道光年間的一個午後，陽光普照，照得藍色的海洋閃閃發亮。坐在沙灘旁補魚網的阿松直起身子，伸伸懶腰，打個呵欠：

「呵！我得起來走動走動，補了一個早上的魚網，眼睛都花了。」

阿欽仍盯著魚網看：

「要走你自己走吧！我不補完，晚上沒網可用。」

可是才站起身的阿松，卻用緊張的聲音，對背著海的阿欽大喊：

「阿欽！阿欽！你快來看！來了一條大船哪！」

阿欽半轉過身來，果眞看到條船，隨著浪潮，歪歪斜斜的往沙灘靠過來。他趕緊丟下魚網，跑來和阿松站在一塊兒。兩人伸長脖子，瞪大眼睛想看清楚船名。

「萬盛號？」阿松抓抓頭：「我們庄裡沒這條船

哪？」

阿欽拍拍阿松的肩膀：

「你在這兒看著，我趕快回去告訴其他的人。」

說完，他不等阿松回答，轉身往庄裡跑回去。

阿松沒想到阿欽的反應這麼快，想拉住他，已經來不及了，只好硬著頭皮留下來。眼見萬盛號越來越靠近，他的心裡不禁有點兒害怕起來，而且，隨著風，他隱隱約約的聽到狗叫聲。

好不容易，阿欽領著庄長及其他的人來了。這時，萬盛號也隨著一陣大浪，往前躍進一大步，搖晃了幾下，就擱淺在沙裡，傾斜著船身。

庄長一腳踩進水裡，面色凝重的看著萬盛號。阿松跟著踩進水裡，走到他身邊，急急的說：

「不曉得怎麼了？它……」

•早年，從大陸到台灣的移民，因爲水土不服而死亡；或因遇到原住民，首級被割後，屍體棄置荒郊野外；或因爲草草埋葬，遇到大雨或洪水的沖刷，遺骨曝露出來，因此野外常可看到枯骨，讓人升起惻隱之心。於是善心人士將這些枯骨集合埋葬，並建小祠廟祭祀，稱爲「有應公」。

阿欽也擠過來，打斷他的話：

「難道船上沒人嗎？走得歪歪扭扭的。」

另一個庄裡的人摸著下巴：

「怎麼會這樣呢？船看起來還很好哇！」

庄長正要開口說話，一陣狗叫聲傳進大家的耳裡，正是從船上傳出來的。

庄長跨出腳步：

「快！我們上去瞧瞧！」

大家涉水來到傾斜的船邊，正要爬上船去，一隻狗的頭伸出船舷，對著大家汪汪叫起來，聲音裡沒有兇惡，反而有看到人的喜悅。

庄長率先爬上去，回頭對大家喊：

「快上來，一定是出事了！」

大家七手八腳的爬上船，才到達甲板，映入大家眼裡的是：幾個倒臥在甲板上的人，還有一隻對大家搖尾巴的狗。

庄長一一探過鼻息，搖搖頭，嘆著氣：

「太慢了，他們都已經死了！」

「不過，大家再四處查一查，是不是還有存活的人？」

經過一番搜尋，大家找到十七具屍體，全都沒有氣息。

阿松紅著眼睛，聲音沙啞：

「除了一隻狗，沒有一個人生還，這未免……」

庄長的臉色比剛剛更凝重了：

「會是什麼原因呢？」

阿欽拍拍在他腳旁搖尾巴的狗：

「是不是前幾天的颱風？」

•「有應公」的別稱很多，有稱爲：大衆爺、金斗公、義民爺、老大公、有英公、大墓公、百姓公、萬恩公、萬善爺、義勇爺、普渡公、千家祠、萬善同歸等。

•台灣民間還相信，有應公既然是大家善心收埋並祭祀，理應幫助大家，對於大家的請求，也應該「有求必應」才是。而有應公的確非常靈驗，不論是求家中平安、疾病痊癒、六畜興旺、尋找失物、添丁發財等，求什麼就得什麼，所以大家就用紅布書寫「有求必應」四個字，懸掛於廟前。也因此，有應公的小祠廟散見於台灣鄉間各處，成爲台灣普遍的信仰。

聽了阿欽的話，狗兒竟汪汪的叫了兩聲。

庄長神情嚴肅的看看阿欽，又看看狗兒，默默的點點頭。這時，站在旁邊的另一個庄人開口：

「庄長，不管是什麼原因，既然他們飄流到我們這兒，我們是不是應該……」

庄長肯定的點點頭：

「應該安葬他們！」

第二天的下午，大家在離沙灘不遠的小山腳下，挖了一個大坑，把船上的十七具屍體一一的排列好，正準備鏟土蓋上時，狗兒突然跳進坑裡，嗅聞著那些屍體，嗚咽起來。

「上來！狗兒，上來！」阿松揮手，對著狗兒叫：「你的主人已經死了，來！我們來照顧你。」

阿欽想起昨天狗兒在他腳邊繞的情況，也招呼起來：

「來！狗兒，我當你的新主人，我來照顧你。」

狗兒仰頭看看他們，搖兩下尾巴，叫了兩聲，回頭又聞聞那些屍體，沒有要上來的意思。

庄長也出面說：

「來！乖狗，我保證，我們大家都會照顧你。」

但是，這會兒狗兒不曉得是聽不懂，還是做了決定，竟趴了下來，只用一雙眼睛炯炯有神的看著大家。

阿欽耐不住，躍下坑去，急急的說：

「你跳不上來是不是？我來抱你上去。」

他一邊說，一邊伸出手來，想抱狗兒。沒想到，狗兒竟齜牙咧嘴，從喉嚨裡發出狺狺聲，一副想咬人的樣子。

阿欽遲疑起來，回頭看看庄長。

•十八王公廟位於台北縣石門鄉乾華村，淡金公路旁，規模不大，香火卻很盛。當年隨著船漂流到石門外海的十七具屍體，因爲無從查考他們的姓名，村民將他們以「無緣鬼魂」的方式處理。而忠心的狗兒爲主人陪葬的情況，讓大家很感動，因此建廟祭祀，稱爲十八王公廟。

庄長沉重的喊：

「阿欽，你上來吧！我知道牠的意思。牠想隨主人一齊去。」

塵土落下時，大家看到狗兒把頭擱前腳上，好像無視塵土蓋在牠的身上，只是靜靜的趴著，就像躺在他旁邊的那些人，靜靜的，動也不動一下……。

最後，像龜形的大墳堆起來了，大家忍住悲傷，紅著眼望著庄長。庄長看看大家，咳了兩聲：

「我知道你們的意思，墓碑上要刻什麼對不對？」

他轉頭看向外海：

「雖然牠只是一隻狗，但是牠的忠心，有些人還比不上呢！所以我覺得，這墳裡埋的不是十七個人，而是十八個人哪！」

庄人因感念義犬的忠心，逢年過節會上墳祭拜。沒想到，這十八個孤魂竟顯靈、托夢，謝謝庄民爲他們安葬、祭拜，庇護打漁的庄民。於是，庄民進而爲他們建廟，稱爲「十八王公廟」。

直到現在，位於台北縣石門鄉的「十八王公廟」，依舊香火鼎盛，是許多經過淡金公路的人必定停留的地點。

•傳說，十八王公廟非常的靈驗，有求必應，所以來此祈求的人很多。同時，大家還打聽到，十八王公喜歡吃粽子、抽菸。結果，此廟的供桌上擺滿了香菸和粽子，和一般廟宇所供奉的香花、素果，有很大的差別，形成一種特色。

台灣風土系列❷

民間信仰的故事

2000年8月初版
2010年2月初版第六刷

定價：新臺幣單冊160元
新臺幣一套10冊1800元

審　　訂　施志汶
著　　者　林淑玟
發 行 人　林載爵

出版者　聯經出版事業股份有限公司
地址　台北市忠孝東路四段555號
總經銷　聯合發行股份有限公司
發行所：台北縣新店市寶橋路235巷6弄6號2F
電話：(02)29178022
台北忠孝門市：台北市忠孝東路四段561號1F
電話：(02)27683708
台北新生門市：台北市新生南路三段94號
電話：(02)23620308
台中分公司：台中市健行路321號
暨門市電話：(04)22371234 ext.5
高雄辦事處：高雄市成功一路363號2F
電話：(07)2211234 ext.5
郵政劃撥帳戶第0100559-3號
郵撥電話：27683708
印刷者　世和印製企業有限公司

責任編輯　黃惠鈴
封面設計　劉茂添

行政院新聞局出版事業登記證局版臺業字第0130號

本書如有缺頁，破損，倒裝請寄回聯經忠孝門市更換。ISBN 978-957-08-2120-8 (平裝)
聯經網址 http://www.linkingbooks.com.tw
電子信箱 e-mail:linking@udngroup.com

國家圖書館出版品預行編目資料

民間信仰的故事 / 林淑玟著 .
--初版 . --臺北市：聯經，2000年
180面；14.8×21公分 . -- (台灣風土系列；2)
ISBN 978-957-08-2120-8(平裝)
〔2010年2月初版第六刷〕

1.民間信仰-台灣-青少年文學
2.台灣-歷史-青少年文學

673.2 89010190

親子系列

教養子女妙招118	桂文亞主編
關心我們的孩子	唐媽媽著
親子數學	馬文壁・文庭澍譯
親子妙法50招	施美惠著
陪孩子上幼稚園	何采嬪著
陪孩子上小學	曾文錄等著
陪孩子上國中	康雪卿著
老爸日記	王天戈著
晚安故事365（二冊不分售）	鄭明進等著
陪孩子快樂成長	吳京口述 楊蕙菁整理
親子XYZ	邢維禮著
女生來做數學	梁崇惠、楊翠勤合譯
親師交流道	聯合報家庭婦女版輯
101個數學問題	梁崇惠、楊翠勤合譯
親子ABC	吳湘文著
親子作文	林月娥著
學習型家庭	韋淑娟著

校園檔案

夫子列傳	單小琳著
老師家長聯合出招	單小琳主編
一個老師的真心話	單小琳著
大專女生上成功嶺	張麗君等著
常態編班怎麼辦	吳京、單小琳等著
老師家長別生氣	單小琳主編
如何指導孩子撰寫專題報告	鄧運林主編
嬌嬌兒入學	蘇月英著
班級經營有一套	林月娥著
日本小學教育	洪伯昌譯
遊戲學習：大地遊戲DIY	吳望如著
如何考上國小老師	單小琳、黃琴文編著

台灣有個奇景，就是走到哪都有廟宇，這麼多的廟究竟拜的是什麼？龍山寺、行天宮和土地公有何差別？原住民的祭典和漢人的祭祀有什麼不同？基督教、天主教等宗教是在何時來到台灣？宗教信仰對生活習俗其實有很大的影響，我們可以一探究竟。

- 原住民的神明
- 天后媽祖
- 祭孔大典
- 關帝武廟
- 延平郡王祠
- 霞海城隍廟
- 保生大帝
- 觀音佛祖
- 清水祖師
- 燒王船
- 五府千歲
- 三山國王廟
- 新埔義民廟
- 開漳聖王
- 馬偕醫生的神明
- 抽籤、擲筊
- 現代宗教與生活
- 田頭田尾土地公
- 宗親會
- 有應公

ISBN 978-957-08-2120-8
00160
9 789570 821208

聯經